기록한다는 것

너머학교 열린교실 03

오항녕 선생님의 역사 이야기 # 기록한다는 것

오항녕 글  김진화 그림

너머학교

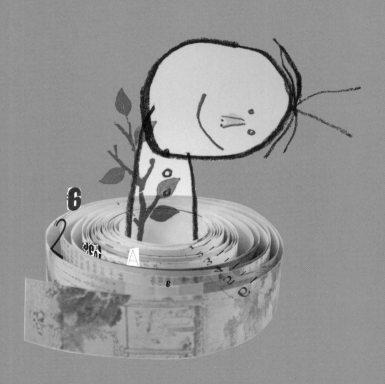

사람은 자연학적으로는 단 한 번 태어나고 죽지만 인문학적으로는 여러 번 태어나고 죽습니다. 세포의 배열을 바꾸지도 않은 채 우리의 앎과 믿음, 감각이 완전 다른 것으로 변할 수 있습니다. 이것은 그리 신비한 이야기가 아닙니다. 이제까지 나를 완전히 사로잡던 일도 갑자기 시시해질 수 있고, 어제까지 아무렇지도 않게 산 세상이 오늘은 숨을 조이는 듯 답답하게 느껴질 때가 있습니다. 내가 다른 사람이 된 것이지요.

어느 철학자의 말처럼 꿀벌은 밀랍으로 자기 세계를 짓지만, 인간은 말로써, 개념들로써 자기 삶을 만들고 세계를 짓습니다. 우리가 가진 말들, 우리가 가진 개념들이 우리의 삶이고 우리의 세계입니다. 또 그것이 우리 삶과 세계의 한계이지요. 따라서 삶을 바꾸고 세계를 바꾸는 일은 항상 우리 말과 개념을 바꾸는 일에서 시작하고 또 그것으로 나타납니다. 우리의 깨우침과 우리의 배움이 거기서 시작하고 거기서 나타납니다.

아이들은 말을 배우며 삶을 배우고 세상을 배웁니다. 그들은 그렇게 말을 만들어 가며 삶을 만들어 가고 자신이 살아갈 세계를 만들어 가지요. '열린교실' 시리즈를 준비하며, 우리는 새로운 삶을 준비하는 모든 사람들, 아이로 돌아간 모든 사람들에게 새롭게 말을 배우자고 말하고자 합니다.

무엇보다 삶의 변성기를 경험하고 있는 십대 친구들에게 언어의 변성기 또한 경험하라고 말하고 싶습니다. 이번 시리즈를 위해 우리는 자기 삶에서 언어의 새로운 의미를 발견한 분들에게 그것을 들려 달라고 부탁했습니다. 사전에 나오지 않는 그 말뜻을 알려 달라고요. 생각한다는 것, 탐구한다는 것, 기록한다는 것, 느낀다는 것, 믿는다는 것, 꿈꾼다는 것, 읽는다는 것……. 이 모든 말들의 의미를 다시 물었습니다. 그리고 서로의 말을 배워 보자고 했습니다.

'열린교실' 시리즈가 새로운 말, 새로운 삶이 태어나는 언어의 대장간, 삶의 대장간이 되었으면 합니다. 무엇보다 배움이 일어나는 장소, 학교 너머의 학교, 열려 있는 교실이 되었으면 합니다. 우리 모두가 아이가 되어 다시 발음하고 다시 뜻을 새겼으면 합니다. 서로에게 선생이 되고 서로에게 제자가 되어서 말이지요.

2010년 여름 고병권

# 차례

떠든 아이 효과를 아나요

몇 해 전에 초등학교에 다니는 작은아이 지성이네 교실에 간 적이 있었습니다. 저기에 어떻게 앉나 싶은 올망졸망한 의자와 책상들, 그리고 거기에 앉아 떠드는 아이들의 모습에 절로 미소를 머금었지요.

이 초등학교 교실의 칠판에 우리가 얘기할 주제인 기록에 얽힌 깊은 사연이 담겨 있습니다. 당연히 글씨를 쓰는 칠판이니까 기록과 관련이 있을 거라고요? 네, 틀린 말은 아니지만 정확하지는 않습니다. 제가 말하려는 것은 다른 데 있습니다.

저는 역사를 공부하고 있고, 그 역사는 이런저런 기록을 통해 전해지지요. 그래서 늘 세월, 시간, 기록, 기억 같은 낱말을 가슴에 품고 살고 있습니다. 저는 늘 그 낱말들의 안쪽 면을 들여다보고 싶어합니다. 여기서도 그 칠판에 쓰는 글자의 다른 면을 생각해 보고 싶은 것이지요.

보통 칠판 한구석에, '떠든 아이'라고 쓰고 그 아래 이름을 적는 전통이 있습니다. 제가 초등학교를 졸업한 지 벌써 30년이 흘렀거든요. 그런데 지금도 여전히 반장으로 보이는 아이가 나와서 이름을 적는 것이었어요. 제가 학교 다닐 때와 똑같이 '떠든 아이'라고 쓰고 말입니다.

저는 대개 이름이 적히는 쪽이었습니다. 반장의 눈초리를 피하지 못해 '떠든 아이' 밑에 적힌 제 이름 석 자가 실제보다 크게 보였습니다. 왠지 위축감을 떨칠 수 없었어요. 그저 선생님이 오시기 전에 반장이 지워 주기만을 바랄 뿐이었지요.

하지만 돌이켜 보면, '떠든 아이'에 이름이 적혔다고 선생님께 벌을 받은 일은 기억에 없습니다. 다만 선생님이 오실 때까지 이름을 지워 주지 않는 반장 녀석을 다음 학기에는 절대 뽑아 주지 않을 것이라고 다짐했던 기억은 있습니다.

궁금해서 중학교에 다니던 지성이 형인 필성이에게 확인했습니다. 그 반도 떠든 아이를 적느냐고요. 그렇답니다. 여전히 둘 중 하나랍니다. 선생님 오시기 전에 지우든지, 선생님이 모른 척하고 지우시든지. 그럼에도 불구하고 꼭 지워 달라고 애원하는 친구들도 있다지요. 가끔 제가 강의를 하면서 이 이야기를 하면 듣는 분들의 입가에 미소가 도는 걸 볼 수 있습니다. 공감의 미소입니다.

호기심이 생겨 외국 영화를 볼 때마다 초등학교가 나오면 혹시 그곳도 그런가 하고 유심히 관찰하는 버릇이 생겼습니다만, 이란 영화, 중국 영화, 미국 영화를 보아도 지금까지 발견하지 못했습니다. 그렇다면 그 특이한 힘의 근원은 무엇일까요? 왜 이런 현상이 생겼을까요?

생각할수록 놀랍습니다. 교실이라는 공동체의 평화를 그저 칠판

에 이름 하나 적는 것으로 유지할 수 있다니! 매나 꾸중 같은 처벌이 아닙니다. 혼날 것 같아서 칠판에 적히는 걸 두려워하는 것일 수도 있지만, 경험으로 보면 별로 설득력 있는 해석은 아닙니다. 저는 그것을 '품격'이라고 생각합니다. 배우지 않아도 초등학교 때부터 저절로 터득하고 있는 품격 말입니다. 말이 필요 없습니다. 그냥 적습니다, 이름만. 그걸로 통합니다. 그 어린 나이에 우리는 아주 자연스럽게 '말과 글로 질서를 유지하는 품격 있는 정치'를 하고 있었고, 지금도 하고 있는 겁니다.

어쨌거나 저는 이 현상을 '떠든아이 효과'라는 말로 설명합니다. 이런 이름 적기, '떠든 아이 효과'라고 부르는 문화가 '우리 한민족 고유의 품위'에서 비롯되었다고 주장하는 것은 아닙니다. 실제로 영국 런던 근처 어떤 기차역에도 승차권을 구입하지 않고 기차를 타는 사람의 이름을 적어서 걸어 놓는다고 합니다. 이름이 적히는 걸 두려워한 사람들이 무임승차를 하지 못하게 하려는 것이지요.

이는 관점에 따라서 인권 침해로 받아들여질 수도 있습니다. 한 사람의 이름이 사람들에게 알려지기 때문이지요. 벌금을 물리면 되지 그 사람의 이름을 적어 걸어 두는 것은 인격을 모독하는 것이라는 주장도 할 수 있지요. 인간을 합리적 주체로 보고, 그 주체의 행위에 대해서만 제재를 해야지, 인격이라는 영역을 침범해서는 안 된다고 본다면 말이지요. 하지만 사람이 자신의 행동에 부끄러움을 느끼고 반성하여 그런 행동을 하지 않게 한다는 것을 중요하게 본다면, 이 '이름적기'는 바람직하다고 여길 수 있을 것입니다.

대체로 이름을 적는 방식은 '동아시아 유가(儒家)' 전통에 가깝고, 행위만 벌하면 된다는 주장은 '근대 계몽주의' 전통에 가깝습니다. 근대 계몽주의라고 하니까 먼 나라 얘기 같나요? 하지만 여러분이 학교에서 배우는 내용이 대부분 여기에 속한답니다. 그러고 보면, '떠든 아이 효과'는 깊은 철학적, 역사적인 배경을 담고 있는 셈입니다.

그런데 우리들은 '떠든 아이 효과'를 어디서, 어떻게 배웠을까요? 잘했든 잘못했든 자신의 행동, 길게는 인생이 어디엔가 기록되어 남는다는 사실만으로도 함부로 행동하지 않는 것 말입니다. 저는 아무리 생각해도 기억이 없습니다. 어렴풋이 그것이 오랜 역사의 유전, 오랜 문화적 유전인자가 아닌가 생각하게 되었습니다.

자, 우리가 학교에서 겪은 떠든 아이를 단서로, 그에 대한 저의 느낌을 단서로, 기록한다는 게 뭔지 생각해 볼까요? 그러기 위해서는 조금 긴 시간 여행이 필요합니다. 제가 길잡이를 할 테니, 편한 마음으로 함께 버스에 올라타기만 하면 됩니다.

기억하기 위해 기록하다

## 사진 찍어 던져 보세요

데이비드 위즈너란 분이 쓴 『시간 상자』라는 그림책이 있습니다. 어느 바닷가, 한 소년이 돋보기를 들고 조개나 게를 관찰하며 놀고 있었습니다. 심심해졌는지 소년은 파도치는 해변으로 나갑니다. 그때 조금 높은 파도가 소년을 넘어뜨렸는데, 그 와중에 소년은 낡은 구식 사진기를 줍습니다. 파도에 떠밀려 왔던 겁니다.

그 사진기에는 필름이 들어 있었지요. 소년은 필름을 현상합니다. 그중 한 장의 사진을 보았습니다. 소녀가 사진을 들고 있었는데, 자세히 보니 그 사진 안에 뭔가가 있는 듯했습니다. 소년은 돋보기를 들고 사진을 들여다보았습니다. 그랬더니, 그 사진에는 마치 소녀가 사진을 들고 있는 것과 같이 어떤 소년이 또 사진을 들고 있었습니다.

어떤 상황인지 상상이 되시나요? 그렇습니다! 10배, 25배, 40배, 55배, 70배로 배율을 높이면서 확대해 보니까, 거기에는 검은 머리 소년, 곱슬머리 검은 피부의 소년, 붉은 피부의 소년…… 등이 똑같이 사진을 들고 찍혀 있었습니다. 소년은 구식 사진기 앞에 엎드려 자신이 현상한 소녀의 사진을 들고 섭니다. 그리고 긴 막대기로 버튼을 누릅니다. 리모컨이 없었거든요.

사진을 찍은 소년은 사진기를 힘껏 바다로 던집니다. 그러자 오징어가, 해마가, 갈매기가 사진기를 어느 해변에 옮겨 놓습니다. 어린 소녀 하나가 사진기를 집으려 손을 뻗는 장면에서 그림책의 이야기는 끝이 납니다. 이 소녀는 약간 얼굴이 검고 머리가 곱슬곱슬한 것으로 미루어 아프리카 어느 해안 마을에 사는 것 같습니다.

작가 선생님은 마치 사진을 들고 찍고, 또 사진을 들고 찍고 반복하는 것처럼, 우리가 살고 있는 세상도 과거의 많은 삶이 중첩되어

● 일기

기억하기 위해 남기는 기록 하면 여러분은 먼저 어떤 것이 떠오르나요? 네, 그렇습니다. 아무래도 일기가 먼저 떠오릅니다. 그런데 게으른 저는 날마다 쓰는 일기가 아니라, 한 주나 한 달에 한 번 가까스로 쓰는 주기나 월기, 심지어 계절이 바뀔 때나 쓰는 절기를 만들기도 합니다. 이런 저와는 달리 이순신 장군은 무려 7년 동안 거의 매일 일기(위는 『난중일기』 제1권 중 『임진장초』 표지와 본문 사진)를 써서 남겼습니다.

('역사 개념 작은 사전(124쪽)'에서 이어집니다.)

형성되었다는 말을 아름다운 바다 속 풍경과 소년, 소녀의 맑은 얼굴을 통해 들려주고 싶었을 것입니다. 기록은 사람들의 삶을 차곡차곡 적어서 전달합니다. 그리고 사진도 물론 기록 중의 하나입니다.

사람이 지금 이 순간만 살고 말 것이라면 기록을 남길 필요가 없습니다. 뭔가 한 일을 남기려고 적는 것이지요. 여러분이 살아오면서 처음으로 직접 한 일을 적은 게 무엇인가요? 아마 초등학교 1학년부터 쓴 일기일 겁니다. 글로 쓰는 것만이 아니라, 사진, 동영상도 마찬가지입니다.

입학이나 졸업 때 찍는 기념사진을 떠올리면 됩니다. 예전에는 흔히 기록이라고 하면 종이, 필름, 사진 등을 생각했지만, 디지털 기술이 발전한 요즘은 디지털 카메라나 휴대전화로 사진을 찍기도 하고 동영상을 만들기도 합니다. 여러분도 아마 한 번쯤은 해 보았을 겁니다.


## 이야기도 기록이다

요즘은 비디오와 오디오를 통해서 영상과 음성을 모두 '기록할' 수 있습니다. 바로 자기테이프나 디지털 파일이 있기 때문입니다. 그러면 이런 장비나 기술이 없었던 시절의 기억 전승은 어떻게 보아야 할까요? 문자로 남은 기록만을 기억이라고 해야 할까요?

그렇게 보기는 어려울 듯합니다. 사람들의 입에서 입으로 전해지는 이야기도 역시 기록이라고 생각합니다. 매체가 없다고요? 아니지요. 매체가 있습니다. 우리들의 입과 뇌가 바로 매체입니다.

비디오와 오디오가 영상과 음성을 기록하는 방식을 자세히 살펴보십시오. 마이크나 렌즈는 귀와 눈입니다. 테이프나 파일은 바로 뇌입니다. 뇌에 기록되어 있던 영상이나 음성이 입과 손을 통해서 재생되듯이, 테이프나 파일에 저장된 것들은 화면과 스피커를 통해 재생되지요. 그것은 우리의 인체가 영상과 음성을 기록하는 방식과 똑같습니다.

● **구술 기록, 문자 기록**

잉카 사람들은 결승문자(위의 사진)을 사용하는 한편, 입으로 전했을 때 내용이 바뀌는 문제를 보완하고자 수단을 마련했습니다. '공인 역사가'를 두고, 이들에게 엄청난 양의 정보를 기억하게 하여 그 사회에 필요한 정보를 그때그때 말하게 했다는 겁니다.

('역사 개념 작은 사전(125쪽)'에서 이어집니다.)

아니, 똑같은 구조로 되어 있는 것이 당연합니다. 당초 비디오나 오디오가 인체의 말하기, 기억하기, 재생하기 기능의 모방이었으니 말입니다. 인간의 신체는 종종 기계 그 자체이기도 합니다. 우리가 입이라고 부르는 신체의 일부는, 먹는 기계, 말하는 기계, 키스하는 기계로 각각 따로 작동하지요.

그런 점에서, 이야기라는 기록 방식은 문자를 통한 기록보다 덜 문명화된 방식입니다. 인체 외에 다른 도구가 필요하지 않으니까요. 그저 엄마나 할머니의 무릎만 필요합니다. 배울 필요가 없지요. 아, 말은 배워야겠군요. 지금도 많은 기억과 지혜들이 사람들의 이야기를 통해서 전해지고 있습니다.

이런 이야기를 모아 놓은 흥미로운 자료를 발견했는데요. 바로 『한국구비문학대계』입니다. 조금 어려운 제목을 달고 있지만 알고 보면 간단합니다. '한국 곳곳에 있는, 이야기로 전해지는 문학을 다 모은 책'이란 뜻입니다. 책으로도 나왔지만, 한국학중앙연구원 홈페이지에도 있습니다. 여러분도 직접 찾고 확인해 보시기 바랍니다. 재미있습니다.

문자에 비해 이야기는 말하는 사람에 따라 변할 수 있다고 지적할 수도 있습니다. 물론입니다. 그렇다고 문자 기록이 변할 수 없는 것은 아닙니다. 요즘 들어 마음만 먹는다면 기록을 바꾸기가 더 쉬워졌습니다.

## 디지털 기록을 믿으세요?

이쯤에서 한 가지 질문해 볼까요? 여러분이 책상에 있는 공책에 필기를 한다고 가정하겠습니다. 읽은 책에 대한 독후감을 쓴다고 해도 좋고, 수학 문제를 푸는 것도 좋습니다. 자, 이번에는 컴퓨터를 켜서 친구에게 편지를 쓴다고 해 봅시다. 책상 위에 놓여 있는 공책의 기록과 컴퓨터 한글 문서로 되어 있는 편지의 가장 큰 차이는 무엇일까요?

종이 기록과 컴퓨터 기록의 차이라고요? 지금 저는 종이 기록과 컴퓨터 기록은 '차이'가 있는데, 그 차이의 '성격'이 무엇인지 묻고 있는 겁니다. 저의 질문에 그렇게 답변하면 동어반복이라고 하는 겁니다. 하나마나 한 말을 한다는 뜻이지요.

공책의 기록은 흑연이나 잉크로 적혀 있고, 컴퓨터는 2바이트 암호라고요? 와, 대단합니다. 디지털 매체에 정보가 기록되는 방식을 정확히 이해하고 있군요. 그렇지만 아직 부족합니다. 조금만 더 생각해 보세요. 거의 답에 가까워졌습니다.

자, 공책 기록에는 매체인 종이와 정보, 즉 연필로 쓴 내용이 딱 달라붙어 있습니다. 매체와 정보를 떼려면 뗄 수도 있지만 거의 불가능하고, 지우거나 오리거나 해야 합니다.

반면, 컴퓨터 문서는 매체인 한글 파일에서 정보를 쉽게 분리할 수 있습니다. 이렇게 생각하면 쉽습니다. 한글 파일에 편지를 써서 저장해 보세요. 그 내용을 복사해서 이메일 편지지에 붙이세요. 그리고 친구에게 보내세요. 그러면 편지는 날아갑니다. 전선을 타고 말이지요.

이건 매체에서 정보가 분리되어 존재하기 때문입니다. 그래서 부산이든 광주든 또 뉴욕이든 거의 동시에 이메일을 받을 수 있는 것이지요. 휴대전화의 문자도 마찬가지입니다.

쉽게 분리할 수 있다는 것은 쉽게 바꿀 수 있다는 의미도 되지요. 또 인터넷이나 휴대전화 망, 컴퓨터에 문제가 생기면 보낸 기록은 제시간에 전달이 안 되거나 엉뚱한 곳으로 보내질 수도 있지요. 기껏 적은 글이나 찍은 사진을 한꺼번에 '날릴' 수도 있고요. 여러분도 이런 일을 경험해 보지 않았나요?

이처럼 디지털 기술의 발달은 기록의 안정성을 약화시켰습니다. 엄청난 정보와 기록의 홍수 속으로 우리를 밀어 넣은 것이 디지털 기술이라는 점을 생각하면 참 역설적인 일입니다. 이 문제는 다시 얘기할 기회가 있을 테니, 기록의 발생 또는 필요성과 관련해서 마저 생각해 보기로 하겠습니다.

## 기억은 불완전하다

주제가 흥미를 끌기도 하고, 시나리오도 탄탄해서 재미는 있지만, 정신 차리고 보지 않으면 헷갈리는 영화 하나를 소개합니다. 「메멘토」라는 영화인데, 불행하게도 10분이 지나면 기억을 상실하는 주인공이 겪는 사건에 대한 이야기입니다. 그리고 이 안타까운 주인공을 둘러싸고 조작과 진실이 교차합니다.

주인공인 레너드는 한때 보험사 직원이었습니다. 그런데 아내가 마약 범죄자들에게 피살되는 현장에 뛰어들었다가 머리에 치명상을 입고 쓰러진 뒤 기억상실증 환자가 되었습니다. 오직 아내가 죽던 장면만 마치 낙인처럼 생생합니다. 가까스로 살아난 레너드가 경찰에 수사를 의뢰하지만 아무도 기억상실증 환자의 말을 귀담아듣지 않았습니다. 그러자 레너드는 직장까지 그만두고 아내 살해범을 찾아 나섰습니다.

그러나 그가 기억 능력을 잃어버렸다는 것이 문제였습니다. 살인범에 대한 단서를 얻고도 자신이 왜 이것을 얻으려고 했는지 이유를 잊어버립니다. 이유를 겨우 알아내면 이제는 조금 전의 그 정보를 잊어버립니다.

레너드는 10분으로 제한된 기억을 연장시키려고 사진을 찍고, 메모를 하고, 자신의 신체 거의 모든 부분에 문신으로 사실을 새겨 둡

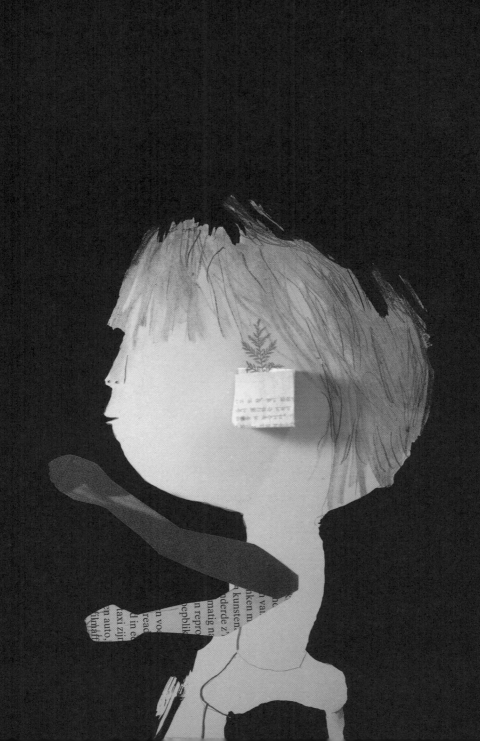

니다. 손등, 팔뚝, 배, 허벅지 등 곳곳에 필사적으로 기록을 하는 것이지요. 그러나 제한된 신체와, 시간만 주어진다면 끝이 없을 수밖에 없는 경험의 싸움은 사실 무모한 일입니다. 누가 이길까요? 당연히 경험이 이기겠지요. 그 틈을 비집고 사실에 대한 왜곡이 이루어지는 것은 자연스러운 일입니다.

그럼에도 불구하고, 기억상실에 걸린 레너드는 그때그때 계속 적는 것밖에 다른 도리가 없었습니다. 기록! 사진이든, 종이쪽지든, 심지어 자신의 몸에든 말입니다.

실제로 기억이 갖는 한계에 대해서는 많은 실험이 있었습니다. 그중 엘리자베스 로프터스라는 심리학자의 실험은 우리의 이야기와 깊은 연관이 있습니다.

로프터스는 먼저 교통 신호등에 대한 실험을 했습니다. 실험에 참가한 사람들에게 신호등을 보여 주고 물었습니다.

"조금 전 신호등이 노란색이 아니었나요?"

그러자 신호등이 실제로 빨간 불이었음에도, 사람들은 노란색이었다고 대답했습니다. 빨간 불을 본 자기의 기억을 지우고 질문자의 말에 따라 대답한 것입니다.

또 텅 빈 거리에서 복면을 한 남자가 등장하는 영화를 보여 주고는 물었답니다.

"그 남자의 얼굴에 수염이 있었던 것을 기억하십니까?"

그러자 실험에 참가한 사람 대부분이 남자의 얼굴에 수염이 있었다고 답했습니다. 그 남자는 복면을 하고 있었지요. 수염이 있는지 없는지 애당초 알 수 없었습니다.

이 실험은 단순히 기억이 왜곡될 수 있다는 사례만 보여 주는 게 아닙니다. 질문이 완전히 잘못된 기억을 심을 수도 있다는 것을 보여 준 사례라는 점에서 더 의미가 있습니다. 이 점 역시 앞으로 더 이야기할 것이지만, 일단 기억이 얼마나 사라지기 쉬운 비눗방울 같은지 보여 주는 사례라는 점만 분명히 '기억하고' 가겠습니다.

## 기억은 과정이다

앞서 보여 준 심리학자들의 실험이 아니더라도, 저 같은 역사학자들도 개인이든 사회집단이든 기억은 선택되는 것이며, 고정되어 있지 않다고 봅니다. 우리의 기억은 상실과 강화를 반복하면서 변화합니다. 잊어버렸다가 다른 자극 때문에 다시 떠올렸다가 하는 과정을 거쳐 기억은 변화하게 마련이라는 것이지요.

최근 신경과학자들은 기억이 시도되는 순간에, 신경세포인 뉴런과 뉴런을 연결하는 통로인 시냅스(신경접합부)에는 신경전달물질인 단백질 재합성이 이루어진다는 사실을 밝혀냈습니다. 처음 듣는 말이 꽤 나오지요? 조금 어려운 이야기니까 주의를 집중해서 들어 보세요.

시냅스는 그리스어로 연결부, 이음새를 말합니다. 뇌의 운동은 신경세포인 뉴런 사이의 의사소통을 통해 이루어지는데, 바로 이 연결을 시냅스가 담당합니다. 시냅스로 인해 특정한 상태나 경험에 관여하는 다양한 뇌 시스템 사이에서 일어나는 상호작용이 가능합니다. 또한 이런 상호작용들이 시간이 지남에 따라 서로 연결됩니다. 이렇게 해서 자아가 만들어진다고 합니다.

자아를 만들어 가는 시냅스의 과정은 사회의 기억이 형성되는 과정과 다르지 않습니다. 즉, 뭔가 기억이라는 게 있고, 그걸 끄집어내는 방식이 아니라는 겁니다. 그 과정 자체에서, 아니 그 과정 자체가 기억이며, 기억 작용을 하는 요소나 여건에 따라 기억이 결정된다는 것입니다. 여과라고 부르든 검열이라고 부르든, 사회 문화적 기억 역시 망각과 강화라는 사회적 시냅스의 재구성을 통하여 이어진다는 사실을 우리는 경험을 통해 확인하고 있습니다. 어떤 일을 회상한다는 건 어쩔 수 없이 골라내는 과정이지요. 개인적, 사회적 자아의 상당 부분은 과거의 기억으로부터 새로운 기억을 만듦으로써 학습되게 마련입니다.

역사적 사실들은 사료(史料. 사실을 구성하는 자료)를 기초로 정리된 것입니다. 그래서 새로운 사료가 발견되면 역사적 사실들도 수정되지 않을 수 없지요. 하지만 그뿐이 아닙니다. '사료'에 적힌 내용 자체도 당시의 사회, 문화적 상황들 속에서 선택되어 그렇게 적힌 것이라는 것입니다. 그렇다면 선택되지 않은 내용들은 어떤 것이 있을지 살피고 왜 어떤 것은 선택되고 다른 것은 선택되지 않았는지를 생각해야 하는 것이지요. 역사학자들이 사료와 기억 사이에서 만만치 않은 분투를 해야 하는 이유입니다.

## 저도 예외는 아닙니다

오늘 아침에 저는 일찍 일어났습니다. 일어나서 세수하고 서가로 갔는데, 청동 종이 눈에 들어왔습니다. 경주에 있는 성덕대왕신종, 흔히 에밀레종이라고 부르는 종을 작게 만든 모형 종입니다. 단순한 모형이 아니라, 꽤 공을 들인 종입니다. 종을 치는 작은 나무통도 달려 있습니다.

그런데 자세히 보니 이 나무통을 단 쇠사슬 한쪽이 떨어진 것이었습니다. 주섬주섬 연장을 찾아 수리를 하고는 다시 종을 쳐 보았지요. 성덕대왕신종만은 못하지만, 아침 공기와 함께 산속 깊은 절에 앉아 있는 느낌이었습니다. 이대로 참선에 들었으면 하는 생각이 들었지요.

"아~, 종소리 참 좋다……."

하고 처음 종소리를 들은 듯 혼자 중얼거렸습니다. 그때 방 안에서 웃는 소리가 들렸습니다. 아내의 웃음소리였습니다. 제가 왜 웃느냐

물었더니, 아내가 말했습니다.

"당신은 지난번에도 종을 청소하면서 똑같은 말을 했어요. '이 종, 종소리가 참 좋은데…….' 라고요."

제가 반문했습니다.

"내가 언제?"

이번에는 옆에 있던 큰아들이 재미있다는 듯이 빙긋이 웃었습니다. 아내는 덧붙입니다.

"그뿐 아니라 지지난번에도 당신은 같은 말을 했어요."

인정할 수밖에 없었습니다. 저는 기억하지 못하지만, 아내나 아들이 저를 골탕 먹이려고 일부러 장난치는 것으로 보이지 않았거든요. 또 실제로 그런 일이 많이 있었습니다. 영화를 보면서도, 음식을 먹으면서도 같은 말을 반복합니다. 그러나 저만 그런 것은 아닙니다. 누구나 그렇습니다.

과거를 잊은 사람은 평생 그것을 지속할 운명이라고 합니다. 바로 저를 두고 하는 말입니다. 앞으로 같은 말을 몇 번 더 반복할지 모르겠습니다. 그 일이 저에게 이야기가 되지 못하고 파편처럼 흩어졌다는 말이 됩니다. 과거는 이야기로 기억되며 그 이야기를 통해서 우리에게 지속성과 의미를 부여해 줍니다. 그래서 과거와 현재와 미래가 뒤섞이며 이어지는 것이겠지요?

# ● 기록의 오류와 역사

오해를 낳은 문제의 「율곡행장」 1814년 판본.
'李文正'이 '李文成'으로 잘못 인쇄되어 있다.
연세대학교 중앙도서관 소장본.

율곡 이이 선생을 아시죠? 조선시대 학자이자 정치가였던 분입니다. 전쟁을 대비하여 10만 명의 군사를 양성하자는 '10만 양병설'을 주장한 분입니다. 그런데 바로 이 '10만 양병설'에 의문을 제기하는 사람들도 있습니다.

이들은 율곡 선생이 10만 양병설을 주장하지 않았다, 즉 그것이 조작되었다는 증거로, 제자 김장생의 「율곡행장(栗谷行狀. 율곡의 일대기)」을 들었습니다. 거기에, "유성룡이 '이문성(李文成)은 진실로 성인이다.'라고 탄식했다."는 말이 나오는데, '이문성'의 '문성'은 율곡의 시호(諡號. 사람이 세상을 뜬 뒤에 높여서 부르는 별칭)이고, 율곡이 시호를 받은 것은 유성룡이 세상을 뜬 17년 뒤인 인조 2년이므로, 유성룡이 '이문성'이라고 했을 리는 없다는 것이지요. 이대로만 보면 충분히 일리가 있는 주장입니다.

그런데 이이의 '시장(諡狀. 시호를 주는 내력을 쓴 글)'을 지은 이정구는 이 부분을 '이문정(李文靖)은 참으로 성인이다.' 라고 기록하고 있습니다. '이문성'이 아니지요. 시장을 짓는 사람이 본문에서 당사자의 시호를 잘못 기재한다는 것은 있을 수가 없습니다. 시장은 글쓴이가 쓴

다음 조정 관료와 승지가 본 뒤 국왕에게서 허락을 받고, 또다시 승지가 검토하기 때문입니다. 그러면 도대체 이게 어찌된 곡절일까요?

**열쇠는,** 위의 '이문정'은 율곡 선생이 아니라는 데 있었습니다. '이문정'은 율곡이 아니라 이항이었습니다. 이항은 중국 송나라 진종 때의 훌륭한 신하였습니다. 송나라가 거란과 평화조약을 체결하자, 이항은 나라가 너무 편안하면 오히려 화근이 된다고 걱정합니다. 그리고 가뭄이나 홍수가 나면 꼭 진종에게 보고하여 일부러 긴장하게 만들었습니다. 이항이 세상을 뜬 뒤, 진종은 나라가 태평하다는 것을 믿고 궁궐을 짓고 간신을 등용합니다. 국정이 흔들렸습니다. 그러자 옛 동료였던 왕단은 "이문정은 참으로 성인이다."라고 칭찬합니다.『송사(宋史)』권282의「이항열전」에 나오는 얘깁니다. 그러니까, 유성룡은 "율곡 이이는 참으로 이항 같은 성인이다."라고 말한 것입니다. 판단력이 비상한 사람을 두고 흔히 '귀신 같은 사람'이라고 하는 것과 마찬가지로 사용되는 표현입니다. 그러므로 이정구의「시장」, 김장생의「율곡행장」은 잘못 쓴 게 아니었던 것입니다.

**그러면 어찌 된 일일까요?** 고려대학교가 소장한 두 종의『율곡연보』에는 모두 '이문정'으로 되어 있습니다. 이들은 각각 영조 20년(1744), 영조 25년(1749)에 간행된 것입니다. 그런데 순조 14년(1814)에 간행된『율곡전서』에는 '이문정'이 아니라, '이문성'으로 나와 있습니다. 영조 때 간행된『율곡전서』를 다시 간행할 때 그 일을 했던 어떤 사람이 '이문정'을 '이문성'이라고 수정하였던 것이겠지요. 이이의 시호가 '문성'이라는 건 알고,『율곡연보』에서 말한 '이문정'에 대한 고사는 몰랐던 누군가가 덜컥 고쳤을 겁니다.

**결국 그 잘못된 기록에 근거해서 10만 양병설이 조작이라고 주장한 셈이었습니다.** 물론 율곡 선생이 실제로 '10만 양병설'을 주장했느냐 아니냐 때문에 위상이 바뀔 분은 아닙니다. 하지만 이런 오류는 잘못된 기록과 그로 인한 오해 때문에 역사학자들이 흔히 겪을 수 있는 일이랍니다. 역사책을 읽거나 기록을 읽는 사람도 주의해야 할 일이겠지요?

문자를 사용하지 마라

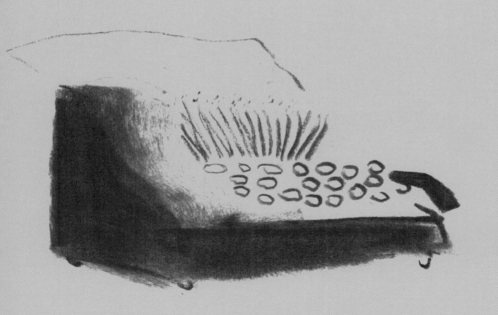

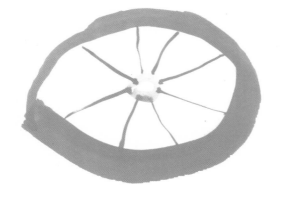

## 쓴다, 두드린다?

이제부터 '역사'를 '기록'하는 과정을 살펴봅시다. 중국과 우리나라의 사례를 들어가면서요. 아울러 신화의 시대에서 역사의 시대로 변화하는 의미도 생각해 보려고 합니다.

역사가 기록으로 남겨지기 전에는 신화의 시대였다고 할 수 있습니다. 말이든 기호든 신화를 대대로 전하면서 인간의 문명을 꾸려 왔지요.

앞서 말했듯이 무언가를 적어서 기억하는 방식을 '역사'라고 할 수 있습니다. 그래서 '역사 이전의 시대'를 선사시대라고 하고, '역사를 남기기 시작한 시대'라는 뜻에서 역사시대라고 하여, 인간이 살았던 시대를 나누는 관점이 생기기도 하는 것입니다.

그렇지만 문자 기록만 과거를 기억하는 방식은 아닙니다. 발굴에 의해 드러나는 과거 인간들의 자취 역시 문자 기록은 아니지만 역사임에는 틀림이 없습니다. 그러므로 선사시대, 역사시대란 구분은 뿌연 경계선이라고만 알아 두었으면 합니다.

어쨌든 일단 적는다는 행위가 시작되었다는 점은 염두에 둘 필요가 있습니다. 지금은 적는다고 하면 무엇이 생각나나요? 사실 쓴다, 적는다는 말을 요즘에는 '두드린다'고 해야 할지 모르겠습니다. 무슨 말이냐고요?

요즘 멀티미디어가 정보 유통의 총아로 각광을 받고 있습니다. 세계 곳곳의 도서관, 박물관 및 출판사의 지식과 정보를 앉아서 찾아볼 수 있고, 게다가 그림도 곁들여져서 흥미를 더하게 합니다. 그런데 언뜻 보면 대단한 변화 같지만, 찬찬히 보면 바다에 물결이 좀 세게 일어나는 것과 비슷한, 뭐 그런 게 아닌가 싶기도 합니다.

말 그대로 '다른 곳에 있는 다양한(Multi) 정보를 전달해 주는 수단(Media)'이 멀티미디어인 것입니다. 세계나 인간에 대해 문화나 지역의 차이로 인해 다른 인식이 생겼다면, 또는 다른 역사적 상황이나 사실이 있다면, 교류를 통해 그것을 전달하는 방식을 가리키는 말이지요.

● 문자와 디지털, 텍스트와 이미지

앞서 매체로부터 정보 자체가 분리될 수 있는 디지털 기록의 특성을 살펴보았습니다. 이런 특성 때문에 '가상현실'이 가능해집니다. 그래서 구술 기록에서 문자 기록으로의 변화가 신화의 시대에서 역사의 시대로 변화를 의미했던 것처럼, 문자 기록에서 디지털 기록으로의 변화가 역사의 시대에서 새로운 상상력의 세계로 가는 변화를 의미한다고 보는 빌렘 플루서 같은 학자도 있습니다.

('역사 개념 작은 사전(126쪽)'에서 이어집니다.)

교류와 전달의 속도나 양, 그리고 수단이라는 현상적인 측면에서 새롭다고 할 수 있지요. 그러나 그 구조를 놓고 보면 옛날에 중국 다녀온 사람이 말로, 즉 입을 통해 중국의 풍물과 풍습 등의 경험을 동네 사람이나 같은 조정에 근무하는 사람들에게 전달하는 것, 여러 가지 경험을 책으로 전달하는 것, 인터넷으로 전달하는 것 모두 인간 문화의 교류라는 것입니다.

즉, 쓴다는 말을 요즘은 자판을 '두드린다', '친다'고 한다는 것이지요. 갑골문을 쓰던 시절에는 '판다'고 했을 것입니다.

**정조의 국장**
문자 시대에도 그림을 기록으로 남겼습니다. 「정조국장도감의궤(순조 즉위년. 1800년)」 중 장례 절차를 담은 그림입니다.

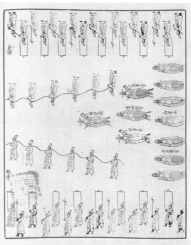

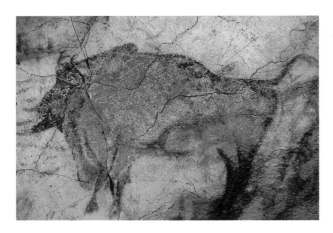

## 적기 시작하다

갑골문이란 말이 나왔으니, 적기 시작하던 때의 얘기를 먼저 해 볼까요? 참으로 오래 전부터 사람들은 적기 시작했습니다.

에스파냐 북부 알타미라 동굴에는 들소가 아주 정교하게 그려져 있습니다. 이 벽화는 기원전 1만 5천 년~1만 년 전의 것으로 추정됩니다. 학자들은 그것을 일종의 주술, 그러니까 사냥이 잘되기를 바라고 그려 놓은 그림으로 보고 있습니다.

이런 해석은 기억의 연장이라는 의미에서 말하는 기록과는 거리가 있는 듯합니다. 그렇지만 소망을 그려 놓았다는 점에서 그것은 소망의 연장을 의미하는 것이고, 연장이란 다름 아닌 소망의 기억을

의미하는 것이므로, 저는 이 벽화를 기록으로 볼 수도 있다고 생각합니다.

또 우리나라에는 경상북도 울주군에 반구대 암각화가 있습니다. 알타미라 벽화보다 훨씬 나중인 기원전 1천 년~2천 년 전의 것으로 알려져 있습니다. 암각화란, 바위〔巖〕에 새긴〔刻〕 그림〔畵〕이란 말입니다.

이 바위에는 육지와 바다 동물, 사냥하는 장면 등 총 75종 200여 점의 그림이 새겨져 있답니다. 호랑이, 멧돼지, 사슴 45점 등이 묘사되어 있는데, 호랑이는 함정에 빠진 모습과 새끼를 밴 모습 등이 보이고, 멧돼지는 교미하는 모습, 사슴은 새끼를 거느리거나 밴 모습 등이 그려져 있습니다.

또한 작살 맞은 고래, 새끼를 배거나 데리고 다니는 고래의 모습도 보입니다. 탈을 쓴 무당, 짐승을 사냥하는 사냥꾼, 배를 타고 고래를 잡는 어부 등의 모습이 보이고, 그물이나 배의 모습도 나옵니다. 아마 사냥이 원활하게 이루어지길, 사냥감이 풍성해지길 바라는 마음으로 바위에 새긴 것이 아닌가 합니다. 알타미라 벽화와 같은 의미로 말이지요.

그러다가 사람들은 문자를 발명해 냅니다. 중국 고대에 처음 문자를 만들었다는 전설이 남아 있는 창힐 이야기가 있습니다. 후한 때 학자였던 허신이 『설문해자(說文解字)』라는 책에서 한 말입니다. 허신은 문자학을 처음 체계화한 분입니다.

창힐은 새 발자국 등의 모양을 보고 문자를 만들었다는 전설상의 존재입니다. 이러한 전설이 사실이냐 아니냐를 묻는 것은 어리석은 일입니다. 확인할 길이 없다는 것 외에도, 전설은 나름의 과정을 거쳐서 전설이 되기 때문입니다. 사람들은 오랜 시간에 걸쳐 만들어온 문자에 대해, 어떤 전설상의 인물이 창조한 것이라는 이야기를 만들면서 불확실한 사실에 대해 상상의 나래를 폈던 것이지요.

# 갑골문이 발견되다

아, 갑골문 얘기를 하던 중이었지요? 갑골문은 알타미라나 반구대 벽화와는 달리 그림이 아니라 글자였습니다. 갑골문이란 '거북 갑옷〔龜甲〕, 동물 뼈〔獸骨. 牛骨이라고도 함〕에 새긴 문자'라는 말입니다. 느낌이 오지요? 말하자면 주로 거북의 배를 감싼 딱딱한 껍질(등딱지가 아니라!)이나 소의 어깨뼈에 썼기 때문에 생긴 이름입니다.

갑골문은 1900년경 중국 허난성 샤오툰이라는 마을에서 발견되었습니다. 처음에 사람들은 뼈에 적힌 글자를 보고 사람들이 새긴 것이 아니라 자연히 그렇게 된 것이라고 생각했습니다. 그도 그럴 것이, 그림에서 보다시피 자세히 보지 않으면 그저 금이 가거나 오래 돼서 그렇다고 생각하기 쉽습니다. 그러다 보니 글자를 깎아 버리는 일이 생겼습니다. 소중한 기록이 사라졌던 것이지요.

갑골문은 은나라(기원전 1766~1122경) 때 점치는 데 쓰이던 상형문자였습니다. 갑골문은 먼저 뼈 위에 붉은색 또는 검은색 잉크를 칠한 다음 날카로운 도구를 써서 새긴 것으로 보입니다. 그다음에 뼈나 껍질에 열을 가해 금이 가도록 하여, 나타난 모양에 따라 앞으로 일어날 일을 점쳤습니다. 그리고 금 옆에 점친 내용을 적어 놓았던 거지요. 점치는 사람들은, 요즘처럼 도사나 점쟁이가 아니라, 정식 관직을 지닌 사관(史官)이란 사람들이었습니다.

갑골문
소의 어깨뼈에 글을 새긴 은나라 초기 갑골문입니다.

　점을 칠 때 사용했던 거북 배딱지는 대부분 중국 남쪽에서 공물로 바친 것이었습니다.

　"점을 치오니, 이번에 남쪽 지방에서 거북을 보내 오겠습니까?"라고 묻는 글이 있습니다. 또한 수량도 파악할 수 있습니다.

　"작이 250면을 보내 왔다."

　하지만 소뼈는 갑골문을 사용하던 은나라 자체에서 공급되었기 때문에 굳이 수량을 적어 놓을 필요가 없어서인지 기록에 남아 있지 않습니다. 역사를 보다 보면, 이렇게 당시 사람들은 익숙해서 적어 놓을 필요가 없어서 기록하지 않았기 때문에, 후대의 우리가 알고 싶어도 알 수가 없는 경우가 많습니다. 그래서 일상의 모습을 되살려 내기가 더 어렵습니다. 일상은 그저 살면서 흘러가는 것이지 남기는 게 아니라고 생각하기 때문입니다.

**죽간 또는 간독**
중국 북서부 간쑤 성의 오아시스 도시 둔황에서
발굴된 한나라 시대 죽간들입니다.

## 나무에 적다

사냥의 성공을 기원한다든지, 점을 친다든지 하는 용도에서 벗어나,
뭔가를 더 기억하려는 목적에서 기록이 등장하면서 '역사'라는 관념
이 시작됩니다. 기억하려다 보면 자연히 적을 일이 많아집니다. 주
술, 점 같은 특정 대상이 아니라, 사람들의 말과 행동 모두가 기록의
대상이 되기 때문입니다. 그 결과 구하기 쉬운 것을 기록 매체로 사
용하게 됩니다. 종이가 있지 않느냐고요? 서두르지 마세요. 아직 종
이는 등장할 때가 아닙니다.

거북, 소 등의 동물 뼈를 대체한 기록 매체는 나무였습니다. 간독
이란 것이 있습니다. 말이 좀 어렵지요? 간(簡)은 대나무를 말하는
데, 그래서 '죽간'이라고도 불렀습니다. 독(牘)은 나무를 쪼개서 만

든 것으로 길고 납작합니다. 그래야 글씨를 쓰기가 편하니까요. 이렇게 간과 독을 합쳐서 간독이라는 이름이 생겼던 것입니다.

먼저 대나무나 보통 나무를 잘 다듬어 평평한 간독을 만듭니다. 들쭉날쭉하면 안 되니까 고르게 다듬습니다. 그리고 끈으로 묶어서 '책'을 만듭니다. 책은 한자로 '冊'인데, 이것은 간독을 나란히 엮은 모양을 본뜬 것입니다. 지금 우리가 사용하는 책이란 용어의 기원이 여기에 있습니다.

예전에 공자께서 책을 많이 읽어서 책을 묶은 끈이 세 번이나 끊어졌다는 이야기가 전해집니다. 그걸 '위편삼절(韋編三絶)', 가죽끈이 세 번 끊어졌다고 합니다. 가죽끈이라도 나무에 자꾸 긁히다 보면 끊어졌나 봅니다. 책을 만든 뒤에는 나무 위에 붓과 먹으로 글씨를 씁니다. 이러면 책이 완성됩니다.

예전에 '남자라면 다섯 수레의 책은 읽어야 한다.'라고 했습니다. 이는 당나라 때 유명한 시인 두보의 「백 학사의 초가집에 대해 짓다」라는 시에서 나온 구절로 널리 알려져 있습니다. 그러나 이는 『장자』「천하」편에서, 장자가 그의 친구인 혜시를 보고, "혜시는 재주가 많은데, 그의 책은 다섯 수레나 된다."라고 한 것에서 유래한 말입니다.

하지만 장자와 두보 사이에는 엄청난 시대 차이가 있습니다. 대략 기원전 4세기에 살았던 장자는 간독을 쓰던 시대였습니다. 그러므로 장자가 말한 책 다섯 수레란 간독으로 된 책의 분량을 말합니다.

한편 8세기 당나라 때, 이태백과 같은 시대를 살았던 두보에게 책이란 종이 책을 말합니다. 종이 책과 간독 책의 차이, 아마 내용과 부피를 고려하면 간독 책 열 수레는 되어야 종이 책 한 수레가 될 듯합니다. 그보다 더 차이가 났을지도 모르지요. 아마 더 많은 책을 읽어야 했던 두보가 장자보다 더 고생하고 더 스트레스를 받지 않았을까요?

두보가 살던 시대가 장자가 살았던 시대보다 많은 책을 읽어야 했다는 뜻이기도 한데, 장자 시대 사람들보다 두보 시대 사람들이 더 지혜로웠다고, 더 잘 살고 행복했었다고 말할 수 있을까요? 그건 잘 모르겠습니다.


## 역사란 봄과 가을이다

갑골문의 시대가 지나고 나서, 대개의 역사 기록은 간독에 적혀 전해졌습니다. 혹시 『춘추』라는 책을 들어 보셨나요? 앞에서 나온 '위편삼절'의 주인공 공자가 편찬한 역사서로 전해지는 책입니다.

혹시 춘추전국시대라는 말을 들어 보셨나요? 중국 역사에서 기원전 770~476년까지를 '춘추시대', 기원전 475년부터 진시황이 중국을 통일했던 기원전 221년까지를 '전국시대'라고 합니다.

여기서 말하는 춘추시대라는 시기 구분이 『춘추』라는 역사책에 기록된 시기 때문에 생긴 용어입니다. 전국시대라는 말도 『전국책』이라는 역사책에 기록된 시기 때문에 생긴 용어입니다.

그런데 『춘추』라는 책 이름이 재미있습니다. 말 그대로 '春＝봄', '秋＝가을'입니다. 책 이름이 '봄가을'인 셈입니다. 영어로 번역할 때도 『The Spring and Autumn』입니다. 아마 『춘추』라는 이름을 지을 때 이런 시간의 흐름을 염두에 두지 않았을까요? 변해 가는 인생이나 세상 말입니다.

아직 여러분은 인생이란 말이 가슴에 와 닿지 않을지도 모르는데, 학년의 변화, 나이의 변화, 계절의 변화도 마찬가지겠지요. 학년이 바뀔 때 드는 생각, 또 나이를 한 살 더 먹을 때나 내가 좀 자랐구나, 하는 느낌이 스스로 들 때가 있지요? 그런 생각과 느낌들을 한번 떠올려 보세요. 그런 것들이 쌓이고 쌓여서 시간의 흐름과 인생을 느끼게 되는 거랍니다.

『전국책』에는 "앞선 일을 잊지 않는 것, 바로 그것이 뒷날 어떤 일을 할 때 스승 노릇을 한다."라는 말이 있습니다. 기억으로서의 역사라는 말에 딱 어울리지 않나요?

『전국책』은 한나라 때 유향이 썼는데, 우리가 이해하고 있는 역사라는 관념과 가깝습니다. 이리하여 차차 사람들은 "나라는 망할 수 있어도, 역사는 사라질 수 없다."는 생각을 갖게 됩니다.

당연히, 사람들의 말과 행동을 기억하고 기록하려는 역사 관념이 언제 생겼는지를 정확히 말한다는 것은 불가능합니다. 하지만 동아시아의 경우, 은·주시대를 지나 춘추전국시대를 맞아 제자백가의 인문학이 발달했고, 점을 치던 사관들의 임무가 더 분화되면서 역사를 기록하는 담당자가 생기게 되지 않았나 추정할 뿐입니다.

그리고 춘추시대 사관의 임무는 바로 각국의 역사를 기록하는 일이었습니다. 앞에서 점을 치는 것을 기록하던 사람이 '사관'이었다고 했지요. 그런데 그 사관이 이제 역사를 기록하는 일을 하게 되는 것입니다. 기록에 대한 사람들의 생각이 바뀌기 시작했다는 것을 짐작할 수 있지요?


## 이런 이유로 역사를 남긴다

사관들이 생각했던 역사란 무엇이었는지 살펴볼까요? 『맹자』에는 공자가 『춘추』를 편찬했던 의도를 서술하는 대목에서 다음과 같은 말이 나옵니다.

세상살이의 질서와 원칙이 쇠퇴하면서, 거짓된 말과 몹쓸 행동이 생겨났다. 신하가 임금을, 자식이 아비를 시해하는 경우도 있었다. 공자가 걱정되어 『춘추』를 지었는데……, 『춘추』가 완성되자 난

신·적자들이 벌벌 떨었다.

당장 눈길을 끄는 것이 세상을 어지럽히는 자들로 하여금 두려움에 떨게 한다는 말, 즉 역사를 남기는 목적에 대한 맹자의 주장입니다. 왜 맹자는 역사를 통해 두려움을 줄 수 있다고 생각했을까요?

사람들은 자신이 죽는다는 것을 알기 시작하면서 그 이후의 세계는 어떠할 것인가에 대해 생각하게 됩니다. 또한 죽은 뒤에 행복해지기 위해 현재는 어떻게 살아야 할 것인가를 생각하게 되지요. 이런 생각들이 '종교'를 탄생시키게 됩니다. 기독교는 하느님의 나라로 간다고 믿으며, 하느님과 예수님의 가르침에 따라 살아야 한다고 하지요. 불교는 죽고 나서 다시 태어난다고 믿으며 사람으로 태어나기 위해 선하게 살 것을 가르칩니다.

그런데 고대 중국인들은 좀 달랐습니다. 그들은 죽음 이후가 따로 있다거나 그것을 평가할 신이 있다고 믿지 않았지요. 대신 인간의 삶이 자식과 손자로 이어진다, 즉 내가 죽어도 내 핏줄이 이어진다, 내 친구도 남아 있다, 내가 한 일에 영향을 받는 사람들도 있다, 삶은 이렇게 이어진다고 믿었던 것입니다. 그래서 맹자가 말했던 것처럼 자신에 대한 기록이 남는 것을 두려워하게 된 것이지요.

기억하기 위해 기록을 남기는 태도는 고대 서양의 경우도 마찬가지였습니다. 기원전 5세기에 있었던 페르시아 전쟁에 대한 기록을

『역사』라는 저술로 남겨, 키케로로부터 '역사의 아버지'란 말을 들었던 헤로도토스는 '그리스인들과 이방인들이 어떠한 원인에서 전쟁을 하게 되었는가 하는 사정을 세상 사람들이 모를까 우려하여 내가 직접 연구, 조사하여 기록한 것'이라고 했습니다. 이러한 의식은 투키디데스의 『펠레폰네소스 전쟁사』로 이어졌습니다.

그러나 중동아시아에서 발생한 기독교가 서양 사회를 지배한 이후에는 '죽음 이후'를 생각하면서 사람들의 관념이 달라집니다. 천당-지옥이라는 관념이 생기지요. 그런데 동아시아에서는 초월적인 종교적 심판 대신 역사가 궁극적인 평가를 담당합니다. '나'나 내가 살았던 '사회', '국가'를 초월적인 신(하나님 아버지)이 아니라, '나' 이후에 살아갈 인간들이 평가하는 것이지요.

흔히 정치인들이 자신의 행위를 합리화하기 위해서, "나의 행동은 역사가 평가해 줄 것이다."라고 공언하는 것은, 바로 이런 전통에서 나온 것이지요. 물론 그 말에 진정성이 있는지는 다른 차원의 문제겠지요.


## 크기가 중요하다

이렇듯 기록과 함께 역사 관념도 생겨났는데, 이 시기에 일반적인 기록 매체였던 간독의 크기와 관련된 일화가 있습니다. 혹시 사마천을 아시는지요? 『사기(史記)』라는 정말 재미있고, 인간과 세상의 다양한 면모를 유감없이 전해 주는 역사책의 저자입니다.

그런데 『사기』는 매우 어려운 상황에서 기록되었습니다. 당시는 한나라 무제 때인데, 북방 유목민족인 흉노족과 전투가 벌어졌습니다. 당시 한나라에서는 이릉이라는 장군이 전쟁에 참여했는데, 수적 열세 속에서 그만 항복하고 말았습니다. 그때 사마천은 이릉 장군이 어쩔 수 없이 항복한 것이라고 변호를 했다가, 한 무제의 노여움을 사서 궁형을 당했습니다.

궁형은 남자의 성기를 자르는 형벌이었습니다. 당시에 이 형벌이 매우 치욕스러운 것이어서, 사마천은 차라리 명예롭게 자살하라는 권유를 받습니다. 그러나 사마천은 아버지의 유언에 따라 역사서를 완성해야 한다며 자살보다 치욕을 택했습니다. 그 결과가 『사기』였던 것이지요.

이처럼 사마천은 기록을 남기기 위해 목숨을 보전하고자 궁형이라는 치욕스러운 형벌을 받은 것입니다. 그런데요, 한 무제가 이릉을 변호하는 사마천에게 그처럼 노여워한 배경에도 역시 기록 문제가 걸려 있었답니다.

무제의 아버지가 문제였는데, 문제는 흉노의 왕인 선우에게 한 자한 치짜리 조서(황제의 문서)를 보낸 적이 있습니다. 그런데 흉노에 항복하고 빌붙어 있던 한나라 사람이 선우에게 한 치가 긴 한 자 두 치짜리 간독에 답장을 써 보내라고 귀띔해 줍니다. 자신이 우월하다고 생각하고 있던 한나라 황제가 답장을 받고 수치심에 수염을 부르르 떨었다고 하는군요. 이 일로 인해 생긴 흉노족에 대한 문제의 분노가 무제에게로 이어졌던 것이지요.

한 자든, 한 자 한 치든, 한 자 두 치든 무슨 상관이 있느냐는 생각이 들지 않나요? 시시하게 황제가 그런 거 가지고 삐치다니, 하는 생각이 들지 않나요? 얼핏 그런 생각이 들다가도 사정을 알고 보면 꼭 그렇게 생각할 것이 아니었습니다.

간독은 한 자, 두 자, 세 자 등 딱 떨어지는 규칙적인 크기로 만들어졌습니다. 그리고 크기에 따라 용도의 차이가 있었습니다. 제국의 최고 통치자였던 황제가 내린 명령서인 조서는 보통 크기인 한 자짜리 문서와 규격이 달랐습니다. 조서는 반드시 한 자 한 치짜리 간독을 쓰라고 규정되어 있었던 것입니다. 그래서 나온 말이 '한 자 한 치짜리 조서'라는 말이었습니다.

문제가 치졸해서 한 자 두 치짜리 선우의 문서에 화를 낸 것이 아니라, 바로 이런 문서의 크기에 담긴 관습이 있었기 때문에, 그걸 알고도 한 자 두 치짜리 간독으로 답장을 보낸 데 분개했던 것입니다. 한 치면 약 2, 3센티에 불과한데, 거기에 담긴 의미는 컸던 것이죠.

## 문자를 사용하지 마라

그런데 이렇게 문자로 기록을 남기는 문명화 과정을 근원적으로 반성했던 분이 있습니다. 노자라는 분입니다. 이름을 그대로 풀면 '연세 드신[老] 선생님[子]'입니다. 그분의 사상이 담긴 『도덕경』 80장에 다음과 같은 말이 있습니다.

나라는 작고 백성은 적게 하라. 설사 열 명 백 명이 같이 쓸 수 있는 큰 그릇이 있더라도 사용하지 말고, 백성들에게 죽음을 중시하고 멀리 이사 가지 않도록 하라. 배나 수레가 있어도 그것을 탈 일이 없게 하고, 갑옷과 병장기가 있을지라도 전쟁을 위해 그것을 늘어놓을 일이 없게 하라. 사람들로 하여금 다시 끈으로 묶은 문자를 사용하며 살게 하고 채식을 달게 먹으며, 거친 옷을 아름답게 여기게 하라. 검소한 집을 편안하게 여기며, 소박한 풍속을 즐기게 하라. 이웃 나라가 서로 바라보이고 닭과 개 소리가 들리더라도 사람들이 늙어 죽도록 서로 왕래하지 않게 하라.

춘추시대에 살았던 노자는 토지를 넓히고 인구를 늘이는 정책에 반대했습니다. 요즘 보통 사람들이 하는 생각과는 다르지요? 나라가 커지면 제도나 법률이 복잡해지고 그것이 사람들의 삶을 억누를 것이라고 생각했기 때문입니다. 이런 노자의 사상은 동아시아 사람들의 삶을 이끌어 간 중요한 한 축이었습니다.

전체 국민의 절반 이상이 수도권에 몰려 살고 있는 한국이란 나라의 현실, 그것도 모자라 점점 더 서울 중심이 되는 현실에 비춰 보면 노자의 말이 설득력 있게 다가오지 않나요?

그런데 노자의 말에, '사람들로 하여금 다시 끈으로 묶은 문자를 사용하며 살게 하라.'는 주장이 보입니다. 앞에서 살펴보았듯이 노자가 살던 시대에는 갑골문을 지나 전서를 쓰는 단계로 접어들고 있었습니다. 그런데 다시 노끈을 묶어 수량을 표시하던 시대로 돌아가라고 주장하고 있습니다.

결승문자는 매듭의 수·간격·모양·색 등이 각각 고유한 개념이나 숫자를 나타냅니다. 고대 중국 외에도 티베트, 아프리카, 아메리카 인디언 등에서 결승문자를 사용한 흔적이 발견됩니다. 우리가 사는 근대가 가장 발전한 사회라고 당연시하는 사람들이 종종 '미개 사회'라고 부르는 사회에서 사용하던 문자인 결승문자를 왜 노자는 다시 사용하라고 주장했을까요? 이 점을 이해하기 위해서는 조금 돌아갈 필요가 있습니다.

# 대칭성이 깨지다

신데렐라 이야기가 거의 모든 민족의 신화에 등장한다는 말을 들어 보았나요? 단군신화에 나오는 곰(웅녀) 이야기도 동아시아, 남북 아메리카 태평양 연안 곳곳에서 발견되는 신화랍니다. 왜일까요? 바로 우리 인류는 3~4만 년 전에 출현한 현생인류의 후예이기 때문입니다. 현생인류인 크로마뇽인은 지금 우리와 같은 몸뚱이를 가진 존재였습니다. 그러니 뇌의 구조도 우리와 같았겠지요.

예를 들어, 아이누 족에 전해지는 신화를 보면 곰과 결혼한 소녀 이야기가 있습니다. 단군신화에서는 곰이 사람으로 변한 뒤 환웅과 결혼해서 단군을 낳지요? 그런데 아이누의 신화에서는 곰과 결혼해서 사는 동안 소녀는 점점 곰의 본성을 갖게 되고, 결국에는 곰이 되고 맙니다. 여기에는 '곰도 반은 인간'이라는 생각이 담겨 있습니다. 또 인간과 곰 사이에 서로 연결해 주는 통로가 있어서, 이 통로를 따라서 인간은 곰이 될 수 있고, 또는 반대로도 바뀔 수 있다는 생각이 담겨 있습니다.

이러한 사고를 세계와 인간의 '대칭성'이라고 부릅니다. 대칭이란 말은 아시지요? 바로 저울에서 어느 쪽으로도 기울지 않고 평형을 이루는 상태를 말합니다. 둘 사이에 어떤 위계나 지배 관계가 성립하지 않는다는 말로 씁니다. 쉽게 말해 평등하다는 것이지요.

신화는 인간보다 우월한 신들의 이야기가 아닙니다. 그것은 세상 만물에 깃들어 있는 정령들에 대한 이야기입니다. 우리가 숲 속에 들어갔을 때를 떠올려 보세요. 다람쥐, 개미는 물론 도토리나무, 소나무 등이 우리에게 말을 거는 듯하지 않던가요? 거기에는 인간과 동물, 나무까지도 차별이 없습니다. 동등합니다.

　단군신화는 신화시대의 끝자락을 보여 줍니다. 곰, 즉 웅녀는 나중에 환웅의 아내가 되어 단군을 낳았습니다. 신화는 국가와 왕의 탄생이라는 역사적 조건 속에서 더 이상 지혜의 역할을 잃어버립니다. 인간과 자연(또는 동물, 곰)의 위계, 그리고 인간사회 내의 위계(계급)가 발생하는 것이지요. 이런 관점에서 보면 인류의 역사는 야만에서 문명으로 나아간 것이 아니라, 오히려 신화의 상실과 함께 문명에서 야만이 되었다고 보아야 하지 않을까요?

　풍요로운 자와 가난한 자 사이에, 혹은 인간과 동물 사이에 생긴 옴짝달싹할 수 없는 현실이 그것입니다. 우리는 '휴머니즘＝인간주의＝인간중심주의'에 입각해서 굳게 믿습니다. 지구가 인간을 위해 만들어졌다고. 동물이나 식물, 심지어 대지와 공기조차 인간을 위해 존재한다고. 나아가 어떤 인간들은 다른 인간들이 자기를 위해 존재한다고 믿기까지 합니다.

　하지만 이 우주에서 살고 있는 한, 인간 삶의 방식이 바뀌었다고 우주의 질서가 바뀔까요? 우주의 관점에서 볼 때, 인간은 그 어떤

동물과 비교한다 하더라도 더 잘난 존재가 아닙니다. 아니, 우주에는 그런 우월이나 열등이란 척도가 애당초 존재하지 않는지도 모릅니다. 인간들이 깨닫지 못하고 있을 뿐이지요.

## 타무스, 노자의 말에 동감하다

노자가 결승문자의 사용을 주장한 것은 복잡한 글자의 사용이 결코 지혜나 발전의 증거는 아니라고 생각했기 때문입니다. 노자는 의외의 곳에서 자신의 주장에 동조하는 사람을 만납니다. 시대와 공간이 전혀 다른 곳에 살았던 이집트 왕 타무스가 그 사람입니다. 파이드로스와 소크라테스의 대화록인 플라톤의 『파이드로스』에 실린 이야기인데, 조금 줄여서 보겠습니다.

소크라테스: 이집트의 토착신들 가운데 토트가 있었지. 이 신은 맨 처음 수와 계산법과 기하학과 천문학은 물론 장기 놀이와 주사위 놀이를 발명했고, 그 외에 문자까지 발명했다고 하네. 당시 이집트를 다스리던 왕은 타무스였지. 토트 신이 그를 찾아와 기술들을 보여 주면서 다른 이집트인들에게 그 기술들을 보급해야 한다고 말했네. 그런데 대화가 문자에 이르자 토트 신은 이렇게 말했다네.
"왕이여. 이런 배움을 통해 이집트 사람들은 더욱 지혜롭게 되고

기억력이 높아질 것입니다. 왜냐하면 그것은 기억과 지혜의 묘약으로 발명된 것이니까요."

그러나 타무스 왕이 이렇게 대꾸했지.

"기술이 뛰어난 토트 신이여. 지금 그대는 문자의 아버지니까 좋은 마음을 품고 있기 때문에 문자가 가져올 정반대의 효과를 말했소. 문자는 그것을 배운 사람들로 하여금 기억에 무관심하게 해서 그들의 영혼 속에 망각을 낳을 것이오. 그들은 적어 두면 된다는 믿음 때문에 바깥에서 오는 낯선 흔적들에 의존할 뿐 안으로부터 자기 자신의 힘을 빌려 상기하지 않을 것이기 때문이오. 그러니 그대가 발명한 것은 기억의 묘약이 아닙니다."

이어서 타무스 왕은 말했지.

"그들은 적절한 가르침이 없이도 많은 정보를 받아들일 수 있게 될 것이고, 따라서 실제로는 거의 무지하다 할지라도 지식이 있는 것으로 인정받게 될 것입니다. 그리고 그들은 진정한 지혜 대신 지혜에 대한 자만심으로 가득 차 장차 사회에 짐이 될 뿐입니다."

타무스의 대답, 문자의 사용이 기억력을 약화시키고 거짓 지혜를 낳는다는 주장은 우리 경험을 볼 때 틀린 말이 아닙니다. 예전에는 전화번호를 다 외우던 사람들이 휴대전화에 전화번호를 저장해 두고 나서는 전화번호를 거의 기억하지 못하지 않나요?

모든 기술은 짐인 동시에 축복입니다. 즉 '이것 아니면 저것'이 아니라, '이것인 동시에 저것'입니다. 문명 자체가 득인 동시에 실인 양면성을 띠고 있지요. 어쩌면 문명이란 것이 인간의 자기 표현이라고 할 때, 때론 조화롭고 때론 모순되는 인간의 다면성에 비추어 보면 당연한 일인지도 모르겠습니다.

그러므로 공자나 맹자가 생각했던 경계를 위한 장치로서의 역사, 그리고 그것을 남기기 위한 수단으로서의 기록과 문자에 대한 관념이 노자나 타무스의 통찰과 공존할 수 있다고 생각하는 것입니다.


## 역사에서 새로운 대칭성을 생각한다

나아가서 더 적극적인 해석도 가능하지 않을까요? 신화의 시대가 끝나면서 무너진 듯했던 대칭성이 역사의 시대에 다른 방식으로 나타날 수 있다는 생각이 그것입니다. 비록 인간과 자연의 대칭성은 깨졌지만, 인간과 인간 사이에서만이라도 대칭성을 유지하려는 노력이 역사로 나타난 것이 아니었을까 생각합니다. 잘 들어 보세요.

역사는 과거의 사람들 또는 미래의 사람들과 지금의 내가 '평등하게' 만나는 장소입니다.

　실제 현실에서 보면 인간과 인간들 사이에서도 계급과 계층이 나뉘며 대칭성이 깨졌지요. 왕과 신하, 귀족과 백성, 부자와 빈자 등……. 그렇기에 갈등하고 다툽니다. 물론 그 현실에서도 조화를 이루며 공존할 길은 당연히 있을 것입니다. 그 길을 찾아야 하고요.

　그런데 역사라는 지평에서는 살아서 지니고 있었던 영향력이 아무런 힘을 갖지 못합니다. 즉 후대 사람들은 살았을 때 영향력과 관계없이 어떤 사람의 행적을 기억하고 평가하고 의미를 부여합니다.

　예를 들어 보겠습니다. 중국 당나라 태종은 재위 기간에 본보기가 될 만한 정치를 펼쳤습니다. 그렇지만 당 태종은 고구려를 침략하는 잘못을 범하기도 합니다. 그 고구려 침략은 역사에 남았고, 훗날 그 역사를 보는 사람은 아이든 학자든 두고두고 당 태종을 비판합니다.

　그러면 당시에는 어땠을까요? 당시 당 태종의 고구려 침략을 반대했던 위징이라는 재상은 조정에서 쫓겨났습니다. 당 태종은 고구려 침략에서 패배한 뒤, 위징의 말을 듣지 않았던 자신의 잘못을 뉘우치며 후회하지만 이미 때는 늦었지요. 이렇게 역사는 그것을 읽는 사람들의 관계를 대등하게 만듭니다.

그러니까 '역사라는 이름으로' 사람들은 과거, 현재, 미래의 사람들과 '대칭적으로' 만나게 되는 것이지요. 앞서 말했던 "나라는 망할 수 있어도, 역사는 사라질 수 없다."는 구절을 다시 생각해 볼 필요가 있습니다. 흥하고 또 망하는 문명이나 국가, 왕조 등과는 달리, 인간에게 기억이 존재하는 한, 역사는 곧 인간이란 존재가 대등하게 만나는 장이다, 그렇기에 그런 문명들처럼 사라질 수 있는 게 아니다, 이런 뜻이 아닐까요?

그러나 근대사회에 들어오면서 사람들은 인간의 역사를 '진보'라는 관점에서 바라보기 시작했습니다. 간단히 말하면, 인간의 역사가 자유나 평등의 확대 과정이었고, 과거보다 지금이 여러모로 잘 살게 되었다는 것입니다. 그러면서 과거는 현재를 위해, 현재는 미래를

● **대칭성 역사학**

'대칭성(對稱性, Symmetry)'이란 천칭 양쪽에 올려놓은 물건이 서로 무게가 같다는 데서 나온 말입니다. 인간과 다른 동물, 동물과 식물, 나아가 우주 내의 존재들이 대등한 존재 가치를 지닌다는 의미로 저는 사용했습니다. 최근 나카자와 신이치라는 인류학자가 '대칭성의 인류학'이란 말을 썼습니다.

('역사 개념 작은 사전(127쪽)'에서 이어집니다.)

위해 존재하게 되었습니다. 과거의 인간, 현재의 인간, 미래의 인간 사이에 위계가 생겨 버립니다. 대칭성이 다시 붕괴됩니다.

그런데 과거의 사람들이 과연 현재의 우리보다 뛰어나지 못하고 못 살았을까요? 저는 그렇지 않다고 생각합니다. 인간이 지구 생물 중에서 가장 진화한 존재가 아닌 것처럼, 현재 우리는 또 다른 상황에 적응하며 살 뿐입니다.

조선시대 모내기를 하는 논에 트랙터가 서 있다고 생각해 보세요.

**스톤헨지**
지금부터 5천여 년 전 사람들은 어떻게, 왜 거대한 돌을 세워 스톤헨지(아래 사진)를 만들었을까요? 그 비밀은 오랫동안 연구해도 밝혀내지 못했습니다.

조선 사람들에게 그 트랙터는 유용한 도구가 아니라 무엇에 쓰는지조차 알 수 없는 물건이겠죠. 오히려 자리만 차지하는 애물단지일 것입니다. 또 화학비료와 농약을 써야 하는 요즘 농법은 어떤가요? 그것을 써서 쌀 생산량이 늘어난다고 한들 사람들의 삶이 더 윤택해질까요? 논과 밭에 살던 곤충이나 다른 생명들이 사라지는 것은 물론, 당시에는 비료와 농약, 그에 필요한 기구들을 만드는 공장도 없고 쌀을 살 '도시' 사람들이 없으니 팔릴 리도 없습니다.

이런 이치와 마찬가지로 어떤 획일화된 잣대, 혹은 현재 우리들의 기준만으로 역사를 혹은 과거를 재단하고 낫다, 못하다 평가하는 것은 쉬운 일도 아니고 바람직한 것도 아닙니다. 그래서 기록을 주제로 과거와 현재의 인간들 사이에서 무너져 버린 대칭성과 회복할 단서를 발견해 보고자 하는 것입니다.

## ● 역사와 국사

서양과 동양 역사학의 아버지라 할 수 있는 헤로도토스(기원전 480~420?)와 사마천(기원전 145~85?)

공자가 편찬했다는 『춘추』, 사마천이 편찬한 『사기』, 헤로도토스의 『역사』, 투키디데스의 『펠로폰네소스전쟁사』 등이 국가나 제국문명이 성립하는 과정에서 등장했습니다. 저는 요즘 들어 이들 역사의 성격을 '서사(敍事. 이야기)' 보다는 '경험의 자료'에 가깝다고 생각하고 있습니다. 경험의 자료라는 성격의 역사도 어떤 사건에 대한 자료일 경우에는 당연히 이야기 식으로 전개될 수 있을 것입니다. 따라서 그 경계가 모호한 데가 있겠지요. 그렇지만 둘 사이에 모호한 경계는 있을지라도 다른 성격의 두 역사가 갖는 목적이나 기능은 많이 다를 것이라고 생각합니다.

이런 생각은 근대 역사학이나 역사 서술에 대해 제가 갖는 문제의식과 관련이 있습니다. 전통시대의 역사가 경험의 자료였다면, 근대 역사학은 '국민국가의 이야기', 즉 '국사(國史)'가 됩니다. 늘 '국사' 또는 '한국사'라는 이름으로 역사를 배웠기 때문에 지금 제가 하는 얘기가 어리둥절할 수도 있습니다.

근현대 서구 역사학의 대표적인 학자들. 영국의 에드워드 기번(1737~1794), 독일의 칼 마르크스
(1818~1883), 레오폴드 폴 랑케(1795~1886)

그러나 국사가 나라의 역사, 국민의 역사라는 점에 생각이 미치면, 왜 꼭 우리가 배워야 할 역사가 국사여야 하는지 의문이 들 수도 있을 것입니다. 생각해 보세요. 우리는 충청도, 전라도, 경상도 같은 지역에서 사는 주민일 수도 있고, 국가보다 종교 활동이나 학교 생활에 더 깊은 관계를 갖고 삶을 꾸려 나갈 수도 있기 때문입니다. 아니 대부분 그렇지요.

그렇다면 역사라는 이름으로 '국사'만을 배우고 가르치는 것은 편협할 뿐 아니라, 더 나아가 강제적이라는 생각이 들지 않나요? 내가 평생 살아가는 공간이나 관계가 아니라 늘 '국가'라는 것이 우선시되어야 한다는 것을 은연중에 심어 주니까요. 이를 넘어설 수 있는 가능성은 뒤에 소개하는 기록학, 즉 전통 역사학의 범주와 가까운 학문 영역에 있습니다. 여러분도 한번 생각해 보세요.

# 역사에서 과거와 미래를 보다

## 박물관은 살아 있다

자, 이제 본격적으로 역사시대의 이야기를 해 볼까요? 역사시대의 기록은 어떤 것이 있었는지 살펴보는 겁니다. 간독에서 종이로 매체가 바뀌고, 각종 역사서가 편찬되는 것입니다. 이제부터 그 시대의 역사란 무엇이었는지 좀 더 자세히 알아보고, 조선시대의 실록을 통해 생생한 삶의 기록을 만나 보도록 하겠습니다.

사람들이 말이든 문자를 통해서 기억을 전하고, 그것을 역사라고 부르기 시작했을 때, 거기에는 크게 세 가지 효용이 있었을 겁니다.

첫째는 과거의 경험이 주는 재미가 그것입니다. 할머니, 할아버지, 또는 다른 어른들이 옛 경험을 얘기해 주시면 마치 호랑이 담배 피우던 시절의 얘기 같아서 재미있는 것이 그런 경우이지요. 누구나 자신이 못한 경험에는 호기심을 가지니까요.

「박물관은 살아 있다」라는 영화가 있었지요? 밤이 되면 박물관에 전시되어 있던 모형 사람들과 동물들이 살아나 움직입니다. 당연히 현실이 아니라 영화의 상상력이 낳은 것이지만, 실제 우리 가슴속에서 그렇게 생동하는 느낌이 있기 때문에 상상도 가능한 것이라고 생각합니다. 그리고 박물관에서 느끼는 재미나 호기심은 바로 이 때문이겠지요. 이집트, 황하, 잉카 문명 등의 특별전이 열릴 때마다, 또 특별 전시가 아니더라도 과거 사람들이 살았던 흔적을 살펴볼 때 느끼는 쏠쏠한 재미를 부정할 수는 없을 것입니다.

둘째는, 그런 재미보다는 조금 진지한데, 과거의 경험에서 뭔가 교훈을 발견하는 경우입니다. 예를 들어 토목공사나 전쟁은 나라가 망하는 징조였습니다. 그래서 그런 실수를 반복하지 않기 위해 역사를 공부한다고 하는 것입니다. 『고려사』 편찬을 마치고 편찬 담당관들이 왕에게 올린 예문에는 다음과 같은 말이 있습니다.

새 도끼자루를 만들 때는 낡은 도끼자루를 본보기로 삼고, 뒷 수레는 앞 수레가 간 데를 보고 갈 곳을 바로잡는다고 합니다.

이 글은 현재 정인지가 쓴 『진고려사전(進高麗史箋)』으로 전해지지만, 원래 김종서가 지은 것입니다. 『고려사』의 편찬 책임자가 김종서였기 때문입니다. 그러나 수양대군(세조)이 단종 원년(1453)에 정변을 일으켜 김종서, 황보인을 죽인 뒤에 『고려사』의 편찬 책임자가 정인지로 바뀐 것이지요.

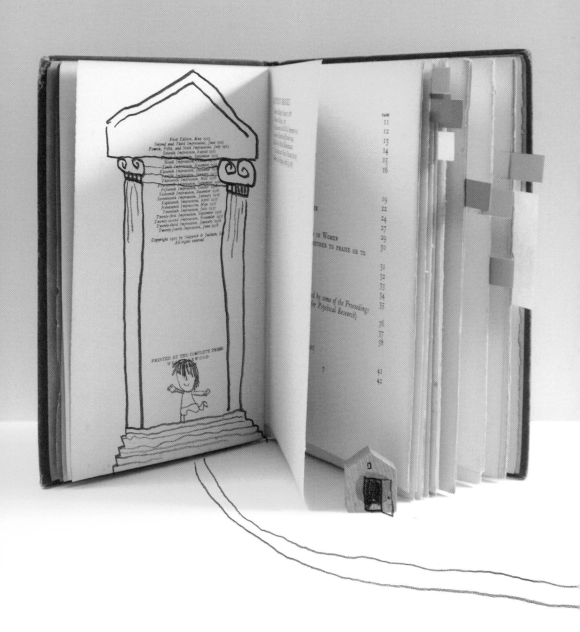

## 왜 이런 일이 생겼지?

셋째, 사람들은 역사를 통해서 살펴보면서 어떤 일이 이렇게 진행된 이유, 인과에 대한 궁금증을 풀고자 합니다. 물론 원인과 결과에는 필연적인 요소도 끼어들고, 우연적인 요소도 끼어들겠지요.

남북 분단의 과정을 살펴보면, 평화적인 남북관계의 실마리를 찾을 수 있을 것입니다. 빈부의 차이가 심해지고 어려운 사람들의 삶이 날로 팍팍해져 가는 이유를 이해하기 위해서는 그렇게 된 원인을 찾아서 규명하고 해결 방안을 제시해야 할 것입니다. 국가의 발생, 가족의 발생을 탐구하는 경우도 마찬가지입니다.

그런데 이런 관심은 무엇보다도 현재에 맞추어져 있는 경우가 많습니다. 현재의 문제의식이랄까 하는 것 말입니다. 아무래도 뭔가 풀어야 할 문제가 있을 때 고민이 생기게 마련이고, 고민을 하다 보면 왜 그렇게 되었을까, 생각하게 되고, 그러다 보면 그런 문제가 생긴 원인을 찾게 되고, 자연스럽게 어떤 사안이나 사물이 어떻게 생겨났고 발전했는지 역사적으로 탐구하게 됩니다.

지금까지 대략 설명한 역사 공부의 이유 세 가지는 선명하게 구분되지 않습니다. 굳이 나누어 생각해 보면 세 가지로 나눌 수 있다는 거지요. 실제로 역사를 공부하다 보면 재미있기도 하고, 교훈이 되기도 하고, 원인과 이유를 알게 되기도 하거든요.

아, 솔직히 말하자면, 교훈이 되기도 하고, 인과를 보여 주기도 하지만, 재미없는 경우도 있다는 걸 고백해야겠네요. 그러나 분명한 것은 나의 삶과 맞물려 있다면 흥미진진하지 않는 주제는 없다는 점입니다.

## 눈부신 신소재 종이

간독을 소개하면서 역사 기록의 발달 과정을 살펴보았지만, 역사가 본격적으로 기록되기 시작한 것은 종이라는 매체가 나오면서부터였다고 해도 과언이 아닐 것입니다. 중국의 4대 발명품으로 종이, 나침반, 화약, 인쇄술을 듭니다. 실제로 2천 년 전에 성립한 중국 진한 문명은 종이의 산물이라고 할 수 있을 것입니다.

종이[紙]란 한자어는 실을 뜻하는 '糸'와 음가를 표시하는 '氏'가 합쳐진 글자입니다. 사람들은 종이를 섬유의 일종으로 생각했던 것입니다. 사실 종이는 섬유질이기도 하지요. 섬유질 중에서도 비단의 대용품, 그것이 종이였습니다. 가볍고 부드러운 데다가, 나무처럼 거칠지 않고 매끄럽고, 빛깔도 좋습니다. 요즘의 화학 종이는 그렇지 않지만 옛날 종이는 질기고 오래갑니다. 또 쉽게 잘라서 쓸 수 있을 뿐 아니라, 풀로 감쪽같이 붙여서 쓸 수 있는 점은 비단이 따를 수 없는 장점이었습니다.

이 환상적인 신소재 종이가 채륜이라는 전한 사람에 의해 발명되었다는 전설이 있었습니다. 『천자문』에 보면, '염필윤지', 즉, '몽염은 붓을 만들고 채륜은 종이를 만들었다.'는 구절이 있지요. 그렇지만 채륜보다 앞서 종이가 사용된 흔적이 남아 있으니만큼, 이 구절은 사실이라기보다 상징적 표현 정도로 받아들여야 할 것입니다.

채륜의 전설은 수공업이 발달하면서 종이가 많이 생산되었다는 것을 의미하는 기록이라고 봅니다. 채륜은 유력한 종이 보급자였다는 뜻이지요.

진나라의 천하 통일, 문자 통일, 수레 규격의 통일 등과 흐름을 같이했던 지식과 정보의 보급에 종이가 기여했던 것입니다. 진나라에 이어 등장했던 한나라 때에 『논어』, 『서경』, 『시경』 같은 중요 경전들이 널리 보급될 수 있었던 것은 바로 종이의 힘이었습니다.


## 변하는 건 역사로 남긴다

거듭 말하지만, 역사는 기록 없이는 생각할 수 없습니다. 그 기록에는 문자로 된 기록은 물론이고, 이야기로 내려오는 기록도 포함됩니다. 종이뿐 아니라, 돌, 나무, 뇌 속에 새겨진 모든 것을 기록이라고 할 수 있습니다. 그리고 종이가 발명되면서 역사 기록은 급속히 풍부해졌습니다. 그러면 전통적으로 역사에 포함된 내용이 무엇인지 좀 더 자세히 살펴볼까요?

중국에서 가장 많은 서적을 모아 놓은『사고전서』는 청나라 건륭 38년(1773)에 착수하여 건륭 47년(1782)에 완성되었습니다. 모두 7부를 만들어 7곳의 도서관에 보관했는데, 그중 하나인 문진각에 보관된 수량이 3,503종 7만 9,337권이었습니다. 저술을 경(經)·사(史)·자(子)·집(集) 4부로 나누었고, 역사 부문에는 15하위분류를 두었습니다.

거기에 실린 '역사(史)'의 종류를 볼까요?

· 정사(正史):『고려사』나『삼국사기』처럼 왕조 단위로 편찬하는 역사
· 편년(編年): 실록처럼 연대기로 편찬하는 역사

● **건륭제와 정조**

건륭제(1711~1799)는 청나라 제6대 황제였습니다. 중국 역사상 가장 오래, 무려 61년이나 재위에 있었고 이때 청나라의 영토가 가장 넓었습니다. 예술과 문학을 좋아하여 기윤을 중심으로 한 학자들에게『사고전서』의 편찬을 명했고 본인도 직접 참여했답니다.

('역사 개념 작은 사전(128쪽)'에서 이어집니다.)

- 기사본말(紀事本末)이나 기타 방식으로 편찬하는 역사

- 황제의 포고한 법령이나 정책에 대한 의견

- 사람들의 족보나 전기(傳記)

- 지난 역사의 초록

- 지리서

- 관직 제도

- 인사 및 법률 문서

- 도서 목록

- 역사 평론

　여기에 분류되지는 않았지만, 호적이나 군적 같은 인구 동향 기록, 전세 등의 재정 기록도 '사'의 범주에 들어가 있었습니다. 도대체 '사'의 범주에 들어가지 않는 게 뭐냐고 물어야 할 정도로 범주가 넓었습니다. 시대가 달라지면서 '변화하는' 사람들의 활동이나 생활 방식이 '사'의 범주였다고 보면 큰 오류는 없을 것입니다.

　또한 조선이든 중국이든, 역사는 '후세에 잘 전달하되, 마음대로 지어내지 않는다.'는 전통이 강했습니다. 이를 다른 식으로 표현하면, 저자의 주관이 강하게 들어가기 쉬운 논문을 쓰기보다는 원래 만들어진 문서를 그대로 잘 모아 후세에 전달하려는 전통이라고도 표현할 수 있습니다. 위의 사례 중에서 역사 평론만이 논문에 해당

될 뿐, 나머지는 모두 문서를 모으는 일이었습니다.


## 실록청을 설치하십시오!

'조선왕조실록'에 대해 들어 보신 적이 있나요? 실록은 위에서 말한 '사'의 하위분류에 따르면 '편년'에 속하는 기록입니다.

조선왕조실록은 조선시대의 역사를 연대기별로 편찬해 놓은 848 권에 달하는 거대한 역사서입니다. 번역을 하고 200자 원고지로 계산해 보니, 63빌딩 높이의 세 배나 되는 분량이었다고 합니다. 어마어마하지요? 아무튼 전 세계에서도 500년에 걸쳐 작성된 이런 양질의 기록이 없고, 그 때문에 유네스코에서 지정한 '세계의 기억'이라는 기록유산에 등록되어 있기도 합니다.

그 실록을 편찬하는 데 들어가는 자료의 종류는 다음과 같습니다.


· 사관들이 직접 작성하는 사초 등의 기록〔時政記〕

· 승정원(국왕 비서실)의 일기

· 서울과 지방 겸임 사관들이 작성하는 기록

· 비변사(국방과 행정을 맡은 관청) 장계

· 형사 사건 문서

· 황제와 국왕문서

- 이름 있는 신하들이 죽었을 때 적어 두는 간략한 기록
- 지진, 홍수 등 재해 기록
- 사헌부(관찰기관) 등의 정책 비판 및 관리 감찰 기록
- 중요한 상소문
- 관리 임명 기록
- 과거 합격자 명단
- 나라의 제사나 장례 등의 의례
- 시비 논쟁이 벌어진 사안

국왕이 세상을 뜨면, 조정에서는 곧 실록청을 설치하여 편찬을 시작했습니다. 실록청은 춘추관이라는 역사 편찬 담당 기관에 설치한 임시 기관이지요. 『춘추』라는 책에 대해 얘기한 적이 있었으니, 춘추관이라는 이름만으로도 무엇을 하는 관청인지 아시겠지요?

조선시대에는 국왕은 물론 중요한 회의가 있는 곳에는 사관이 따라다니며 기록을 남겼습니다. 처음에는 괄시도 받고 회의장에서 쫓겨나기도 했어요. 엄연히 법이 있는데도 말입니다. 하지만 점차 모든 곳에 사관이 참석하여 기록을 남겼고, 실록은 이를 토대로 편찬되었던 것입니다. 또 사관이 된다는 것은 영예로운 일이었습니다.

실록청에서는 사관의 사초를 비롯한 여러 기록을 모아서 뺄 것은 빼면서 초고, 중간 초고, 최종본을 차례로 만듭니다. 그리고 최종본

『조선왕실의궤』를 보관하던 사고 중 하나인 오
대산 사고에 대한 기록들입니다. 오른쪽 그림
은 1788년, 단원 김홍도가 정조의 명에 따라
금강산을 여행하며 그렸던 『금강사군첩』 중 하
나인 「사고」입니다. 위 오른쪽 사진은 1930년
대 일제강점기에 찍은 흑백 사진이고, 왼쪽은
2005년에 복원한 모습입니다.

을 기준으로 인쇄본을 만들어 전국 산속에 있는 사고에 보존합니다.
이 실록은 사관 이외에는 볼 수가 없었습니다. 국왕도 예외가 아니
었지요.

이러한 과정이 끝나면 실록 편찬에 사용되었던 사초 등의 기록은
자하문 밖 세검정에서 물에 풀어서 그 기록의 비밀을 유지하는 한
편, 종이는 재생해서 다시 사용합니다. 이를 세초라고 합니다. 중국

에서는 불에 태웠다고 합니다. 세초를 했던 세검정에서 구기동으로 올라가는 길에 종이를 만드는 관청인 조지서가 있었습니다.

## 사관이 모르게 하라

자, 그럼 실록에 실려 있는 기사를 읽어 봅시다.

> 왕이 친히 활과 화살을 가지고 말을 달려 노루를 쏘며 사냥을 했
> 다. 그러다가 말이 거꾸러져서 왕이 말에서 떨어졌으나 다치지는
> 않았다. 좌우 사람들을 돌아보며 말하기를,
> "사관이 알게 하지 말라." 하였다.
>
> —『태종실록』 권7 4년 2월 8일

> 병조 판서 조말생이 춘추관에 가서 정식 절차를 거치지 않고 대제
> 학 변계량에게 요청하여 일찍이 자신이 납입한 사초를 꺼내다 고
> 쳤다. 변계량이 여러 사관을 경계하여 바깥사람에게 알리지 못하
> 게 한 일이 있었다.
>
> —『세종실록』 권26 6년 12월 20일

이날 이현로가 승정원에 이르러 일기를 보고서 장죄란 두 글자를

고쳐 주기를 청하니, 주서가 그 말에 따라서 중죄로써 고치었다.

—『문종실록』권13 2년 5월 1일

첫 번째 기사는 말에서 떨어진 태종이 사관들을 먼저 의식하는 장면을 보여 줍니다. 태종은 문무를 겸비하여 조선이라는 나라의 기틀을 세운 왕입니다. 그런 그가 말에서 떨어지기 무섭게 사관이 모르게 하라고 말했습니다. 그런데 어느 틈인지, 사관은 말에서 떨어진 사실은 물론 태종이 한 말까지 적어서 실록에 실었습니다.

두 번째와 세 번째 기사는 몰래 저지른 잘못을 사관이 알고 기록한 것입니다. 두 번째 사례에서 보다시피 다른 사람에게 알리지 말라고 한 변계량의 말은 아무런 효과도 없었습니다.

세 번째 사례에서 나오는 '장죄(뇌물을 받은 죄)'는 조선시대 관리들이 가장 부끄럽게 여겼던 죄였습니다. 자손들까지 벼슬길에 나올 수 없는 큰 죄였습니다. 그러나 '중죄(무거운 죄)'라고 하면 바른 말을 하다가 파직을 당하거나 귀양을 가도 '중죄'가 되므로 '중죄'라는 말만으로는 죄질을 정확히 알 수가 없었던 것이지요.

그래서 이현로는 『승정원일기』의 기록을 고쳐 달라고 담당 관리인 주서에게 부탁한 것인데, 이 역시 사관에게 들켜 버렸습니다. 실록이 없어지지 않는 한 이현로의 행태는 계속 후세에 기억될 것입니다.

이렇게 몇 가지 사례를 보니 뭔가 느낌이 오지 않나요? 어떤 느낌

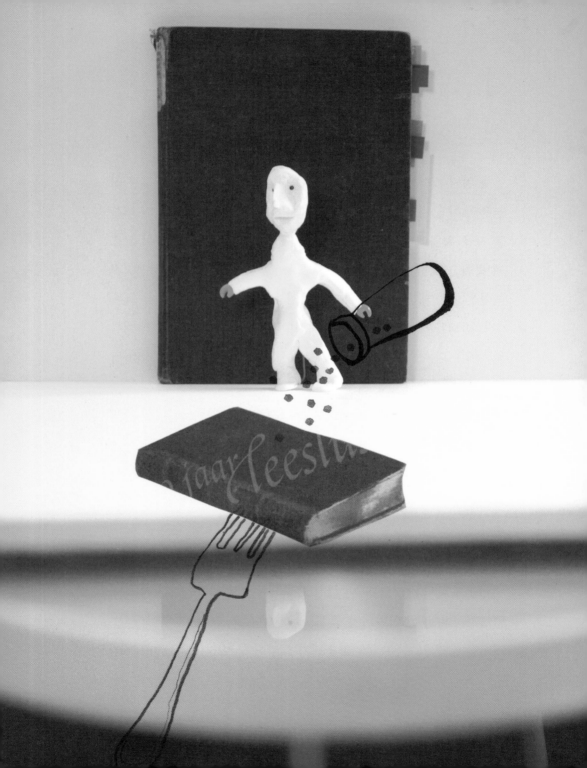

이 오나요? 뭔가 떠오르는 게 없나요? 마치 실록의 기록이 이 책의 맨 처음에 말했던 '떠든 아이'와 연관이 있는 듯한 느낌이 들지 않나요? 교실과 조정이라는 무대의 차이, 하나는 요즘의 일이고 다른 하나는 조선의 사건이라는 시대의 사이에도 불구하고, 서로 통하는 무언가가 있는 듯하지 않습니까?

## 기록이 화를 부르다

실록 역시 기록이기 때문에, 사람들의 선택에 의해, 또는 어떤 의도에 의해 왜곡될 가능성이 있습니다. 이런 왜곡의 가능성에서 비켜설 수 있는 기록은 없습니다. 그 왜곡의 언저리에, '사화'가 있었습니다. 역사 기록을 둘러싼 재앙이란 말이지요.

연산군 때 벌어진 무오사화처럼, 사화는 역사 기록을 둘러싼 갈등이 극단화된 사건입니다. 무오사화는 김종직의 「조의제문(弔義帝文, 의제를 조문하는 글)」이 세조의 찬탈을 빗댄 글이라는 혐의로, 이 글을 사초에 기록한 김일손 등을 처형했던 사건입니다.

이 사건을 사림들의 재난이라는 의미로 '사림들이 입은 화, 즉 사화(士禍)'라고도 쓰고 역사 기록 때문에 발단된 사건이라 하여 '사화(史禍)'라고도 씁니다. 세조 이래 세력을 잡은 훈구파와 연산군이 신진 사림들을 탄압한 사건이지요. 당하는 쪽에서는 말 그대로 '재앙'이라고 밖에 할 수 없는 비극이었습니다.

실록의 기초 자료인 사초를 보호하는 규정은 세종 때 만들어집니다. 이런 제도가 쉽게 만들어지는 것도 아니지만, 마련되었다 해도 그대로 지켜진다는 보장은 없습니다. 제도를 담당하는 사람들의 역량은 물론, 그 제도의 영향을 받는 당사자의 태도에 따라 제도가 잘 운영되고 정착되는가가 결정될 수밖에 없기 때문입니다. 규정이 있었어도 위의 무오사화가 일어났지요. 이는 지금도 마찬가지지요.

오랜 기간 합의와 관행을 쌓고 역량을 쌓은 결과, 사림들이 정치무대에 본격적으로 등장하는 선조 연간 이후에는 '사화'의 범주에 넣을 사건은 발생하지 않았습니다. 이게 조선의 문치주의가 꽃피고, 실록이 말 그대로 명실상부한 '믿을 수 있는(實) 기록(錄)'이 되었던 이유였습니다.


## 판단은 후대 사람들의 몫이다

조선 후기에는 어떤 정파가 만든 실록을 다른 정당(붕당)이 부정하고 새로 실록을 만드는 일이 몇 번 생겼습니다. 사림들끼리도 파가 갈렸는데, 다른 파가 만든 실록은 믿을 수 없는 내용이 많다는 이유에서 실록을 개정 또는 수정한 것입니다.

그 첫 번째가 『선조실록』과 『선조수정실록』이었습니다. 『선조실록』의 편찬은 다음 국왕인 광해군 대에 편찬되었습니다. 예를 들어, 『세종실록』은 세종 다음 임금인 문종 때 편찬되지요. 『성종실록』은 다음 국왕인 연산군 때 편찬되었습니다. 앞서 살펴본 무오사화는 연산군 때『성종실록』을 편찬하던 중에 불거진 참극이었습니다.

그런데 광해군 때의 『선조실록』 편찬은 관례보다 아주 늦게 시작합니다. 통상 새로운 국왕이 즉위한 뒤 2~3개월 안에 시작하던 것과는 달리 해를 넘겨 1년 6개월이 지나서야 편찬을 시작했습니다. 임해군이나 유영경의 옥사 등으로 세월을 보낸 것이지요. 또한 임진왜란 때문에 이전의 사초와 기타 편찬 자료가 불타거나 없어져 편찬에 무척 애를 먹었지요.

편찬 작업이 지지부진하던 터에 영창대군이 죽는 계축옥사를 계기로 편찬 담당자가 대거 바뀌었습니다. 이후 기자헌·이이첨이 담당하여 광해군 9년에 이르러서야 완성되었는데, 이렇게 실록편찬이 늦어진 것은 조선시대에서도 매우 이례적인 일이었지요.

『선조실록』에서는 유성룡에 대해, 왜군과 화해를 주장했고 어버이를 모시던 중 술을 마셨다고 비판했습니다. 또 이항복에 대해서는 정철과 함께 서울, 호남, 영남의 학자들을 모두 죽이려고 했다고 기록했지요. 말하자면『선조실록』편찬에 참여했던 이이첨이나 기자헌 등 몇몇만 제외하고 다른 정파 사람들은 모두 매도했던 것입니다. 공정하지 못했지요.

그래서 광해군을 폐위시킨 인조반정이 일어난 뒤『선조실록』을 다시 편찬해야 한다는 의견이 제시되었습니다. 이 일은 사실의 보완, 부당한 평가의 수정이라는 두 방향으로 진행되었습니다. 이렇게 해서 나온 결과가『선조수정실록』입니다.

우리가 잘 아는 의병들과 이순신 장군의 활약은 바로 이『선조수정실록』에 실린 풍부한 사료 덕분에 생생하게 알 수 있답니다. 뿐만 아니라 국왕과 신하들이 함께 공부하던 경연에 대한 기록, 임진왜란에 참전했던 명나라 군대가 조선 사람들을 괴롭혔던 이야기도 여기에 실려 있습니다.

그런데『선조수정실록』을 만들었으니『선조실록』을 없앴을까요?

● 조선왕조실록 수정본

조선시대 후기에는 여러 차례 정권이 바뀌면서, 즉 견해가 다른 정파, 붕당이 실세가 되면서, 실록 편찬에도 변화가 일어났습니다. 모두 네 차례였는데요, 본문에서 말한『선조실록』과『선조수정실록』 (두 표지에서 '수정' 이란 글자를 찾아보세요.),『현종실록』과『현종개수실록』,『숙종실록』과『숙종실록보궐정오』,『경종실록』과『경종수정실록』이 그것입니다.

( '역사 개념 작은 사전(129쪽)' 에서 이어집니다.)

『선조실록』이 잘못되어 『선조수정실록』을 만들었으니, 『선조실록』을 폐기하는 게 당연하다고 생각할 수도 있지 않을까요? 그런데 그렇게 하지 않았습니다. 둘 다 남겨 놓았습니다. 어느 편이 더 정당한지에 대한 평가는 바로 후대 사람들의 몫이라는 것이 그 이유였습니다.

어떠세요? 자신들에게 유리한 기록만을 남겨 뒷사람들의 눈을 가리지 않는 것, 자기 시대만이 아니라 후대 사람들도 대등한 판단을 할 수 있다고 믿고 맡기는 자세, 저는 이런 자세를 앞 장에서 역사를 통해 구현되는 '대칭성'이라고 불렀던 것입니다. 조금 어려웠던 듯했지만, 알고 보니 어렵지 않지요?

## 1만 년 뒤에도 읽을 수 있을까?

후대 사람들을 배려하는 또 하나의 사례가 있습니다. 기록과 언어 때문에 생긴 고민입니다. 기록과 언어, 라고 하면 무슨 얘기를 하려는 건가, 하고 궁금하시겠지요? 기록은 언어활동의 소산입니다. 기록은 언어기호를 통해 전달되지요. 그 언어기호의 대표선수를 우리는 문자라고 부릅니다.

의사를 전달하는 데는 문자 외에도 여러 기호가 있을 수 있습니다. 언어가 아닌 방법이 있다는 말입니다. 예를 들어 ☺ 표시는 스마일, 즉 웃는 모습을 표현하는 아이콘으로 사용됩니다. ^^ 같은

**로제타석**

로제타석은 이집트 상형문자와 상형문자 필기체, 그리스 알파벳 3가지가 새겨져 있는 돌입니다(기원전 196년). 이 돌이 1800년대 초에 발견된 뒤 이집트 상형문자가 해석되기 시작했지요.

이모티콘도 마찬가지고요.

그런데 언어기호든 비언어기호든 변한다는 공통점이 있습니다. 언어기호의 대표선수인 문자 역시 변해 왔습니다. 한자의 경우 매우 오래 같은 모양의 문자였다고 생각하기 쉽지만, 이미 갑골문에서 확인하였듯이 한자도 그 글자 모양이 많이 변했습니다. 한글도 마찬가지입니다.

조선시대 작품인 「관동별곡(강원도 여행기)」이나 「조침문(부러진 바늘을 애도하는 글)」을 보았을 때, 선생님의 설명이 없었으면 도저히 읽을 엄두가 나지 않지요? 불과 5백 년 전의 한글도 제대로 읽지 못해서 쩔쩔매고 있습니다. 우리가 살펴본 약 3천 년 전의 갑골문은 현재 7% 정도밖에 해독하지 못하고 있습니다. 나머지는 무슨 뜻인지 전혀 확인되지 않습니다. 비슷한 시기의 이집트 상형문자도 마찬가지랍니다.

이 무렵 저는 흥미로운 프로젝트에 대해 알게 되었습니다. 1980년에 미국 동력자원부가 주관하고 인접 학문 학자 및 실무자들로 구성된 프로젝트 팀이 만들어졌습니다. 방사능 폐기물 매립지역에 대한 정보를 1만 년 뒤의 후손들에게 어떻게 전달해 줄 것인가를 연구하여 방법을 제시하기 위해서지요.

여기서 1만 년은 방사성 동위원소의 위험이 인류 생존에 적정할 만큼 줄어드는 데 걸리는 기간입니다. 그런데 이 기간 정도가 지나면 사람들의 언어와 상징 체계가 변할 것이므로, 그것을 감안하여 1만 년 뒤에도 후손들이 그 매립지를 알아보고 피해를 받지 않도록 하기 위한 프로젝트였습니다.

여기서 가장 핵심적인 자료는 매립지 자체의 위치와, 매립지가 아닌 다른 곳에 보관될 기록에 있는 정보가 될 것입니다. 궁극적인 목적은 그 기록들을 1만 년 뒤에 읽을 수 있게 하여 만약에 발생할지도 모르는 위험에 대비하는 것입니다.

현재 방사능 표지 기호는 ☢ 또는 해골이 그려진 기호입니다. 그러나 1만 년이 지나서도 이 기호들이 같은 의미를 나타낼까요? 또 방사능 매립지에 대한 기록들을 그때도 읽을 수 있을까요? 읽을 수 있다 해도 그것이 같은 의미일까요?

1만 년 뒤의 의사소통을 고민해 본다는 것, 통이 크기도 하지만 책임감도 존경받을 만합니다. 이 프로젝트의 결과를 아직 확인하지 못했습니다만, 기록과 언어를 둘러싼 소중한 고민을 우리에게 던져 주고 있습니다.

지금까지 역사와 기록에 대해 생각해 보았습니다. 기록의 매체와 방식을 시작으로 역사라는 관념의 형성, 역사의 범주, 그리고 동아시아 기록 문화의 꽃인 실록에 대해 알아보았습니다. 무엇보다도 역사를 통해 과거-현재-미래의 사람들을 잇는 대칭성을 생각해 보았습니다.

자, 그럼 이런 사색과 고민은 지금, 21세기 한국에 살고 있는 우리와 어떻게 연결될까요?

## ● 선조의 한글 교서와 언어의 변화

선조 26년(1593년), 임진왜란이 난 뒤
피난 갔던 의주에서 선조가 백성들에게 내린 한글 '교서'이다.

**지금 소개하는 것은 조선 14대 국왕 선조가 내린 교서**, 요즘 말로 하면 대국민 담화문인데, 한글로 되어 있었습니다. 몇 년 전 전시회에서 보았을 때 꽤 당황했습니다.

**우선은 한글 교서를 처음 보았기 때문입니다.** 조선시대에 공식문서에는 한글을 쓰지 않았다고 배웠거든요. 『훈민정음』 서문에 나오는 '나랏말씀＝국어'는 우리가 사용하는 '말'을 가리킵니다. 한자를 읽는 발음(말)을 표기하는 방법으로 한글이 나온 것이지요. 그러다 보니 두 언어를 사용했던 겁니다. 한글이든 한문이든 '국어'였던 것입니다. 아무튼 교서는 늘 한문으로 된 것만 보았던 저에게 한글 교서는 충격이었고 신선했습니다.

**게다가 제가 그 교서를 읽을 수가 없었습니다.** 명색이 역사학자이기에 읽어 보려고 했죠. 그러나 곧 좌절하고 말았습니다. 대학과 대학원까지 공부하고, 역사 연구를 하고 있는 제가 한글로 된 교서를 읽을 수가 없었던 것입니다. 여러분도 사진을 보면서 한 번 읽어 보십시오.

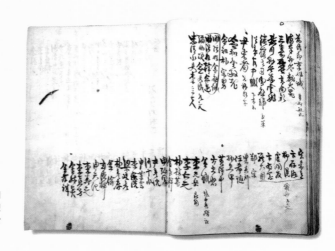

문화재청이 2008년 4월 그동안 알려지
지 않았던 『난중일기』의 일부를 발표했
다. 사진은 그중 임진왜란에 참전했던 장
졸의 명단을 기록한 부분이다.

여러분들도 한글을 알고 있겠지만, 아마 저와 비슷할 것입니다. 어디서 떼어 읽어야 하는지
도 모르겠고, 의미도 모르겠습니다. 가까스로 몇 군데 읽어 보았지만 전체 내용이 모호한 것
은 변함없었습니다.

**그러니 지금 사용하는 문자를** 1만년 뒤에 읽을 수 있다고 생각할 수 있겠습니까? 이 책 뒤에
서 소개하는 글 두 편도 각각 50년, 70년 정도 지난 글이지만 읽기가 쉽지 않습니다.

**기록은 동시대 사람들과의 의사소통이기도 하지만,** 후대 사람들과의 의사소통이기도 합니
다. 그런데 이때의 경험은 후대 사람들과의 의사소통 방법의 수명이 무척 짧을 수 있다는 데
생각이 미치게 했습니다. 조금 쉽게 생각한다면, 나와 나의 자손 사이에 대화가 가능한가 하
는 문제입니다. 여러분의 입장에서 보면, 부모님이나 할머니, 할아버지와 대화가 가능한가
하는 문제겠지요.

자라나는 나,
품격 있는 사회

## 전통이 끊어지다

그러면 '기록과 역사'는 현재 한국에서 어떤 처지에 놓여 있을까요? 국운이 불행하여 조선이 망한 뒤 일제강점기를 겪었고, 전쟁도 겪었습니다. 그 와중에 수많은 유물들이 외국으로 흘러나갔습니다. 실록도 일본으로, 북한으로 흩어지거나 불에 탔습니다. 다행히 조선 사람들이 지혜로워 여러 부를 만들어 보존했기 때문에 태백산본과 정족산본은 온전히 후손들의 손에 남을 수 있었습니다.

프랑스는 자기들이 강탈해 간 강화도 외규장각 문서들을 아무리 반환하라고 요구해도 요지부동입니다. 하긴 제국주의 시대에 약탈한 것으로 프랑스는 루브르 박물관을, 영국은 대영 박물관을 채우고 있으니 반환하다 보면 남는 게 없을 수도 있겠군요.

일제강점기는 주권을 빼앗기고 일제 총독부가 지배했던 시대였기 때문에 기록의 관리와 처분도 식민주의자들의 손에 놓여 있었습니다. 제2차 세계대전에서 일본이 패망하고 도망칠 때, 일본은 우리의 주요 기록을 실어 가거나 태워 버렸습니다.

그런데 더 심각했던 것은 한국전쟁 때가 아닌가 합니다. 국제연합

군의 일원으로 참전했던 미군은 점령지역에서 종이란 종이는 모두 자루에 넣어 미국으로 실어 갔습니다. 전투부대 뒤에 항상 '역사부대'가 따라다니며 말 그대로 쓸어 담아 갔다고나 할까요. 군부대, 군청, 도청은 물론 각급 학교의 자료까지 훑어갔습니다. 그 자루는 선적번호(배에 실었던 번호. shipping number)로 분류되어 있고, 지금도 공개, 정리되지 않은 기록이 많이 남아 있답니다. 그래서 지금도 근현대사를 연구하려면 '미국 국립기록청(NARA)'로 가야 하는 형편입니다.

그렇다면 식민지와 전쟁이라는 어두운 시기를 거치고 '민주사회'로 나가고 있는 지금은 기록의 전통이 회복되었을까요?

● 다른 나라로 가 버린 기록
위의 사진은 1951년 4월 부산 포로수용소에서 찍은 사진입니다. 한국전쟁 중에 미국이 자료들을 가져간 까닭에 이 시기를 연구하려면 '미국 국립기록청(NARA)'에 가야 한다는 말을 했습니다. 그런데 그 기록 중 일부는 인터넷으로 검색할 수 있습니다. NARA의 검색 시스템인 'ARC(Archival Research Catalog)'가 그것입니다.

('역사 개념 작은 사전(130쪽)'에서 이어집니다.)

이제부터 기록과 민주사회를 만드는 일이 어떤 관계가 있는지 알아보도록 하지요. 이 땅에 살고 있는 사람들이 서로 더 존중하고, 편안하게 사는 세상이 '민주사회'라면, 기록이란 것이 그런 사회를 만드는 일과 무슨 상관이 있는지 생각해 봐야겠죠?

## 기억이 나지 않는다

기록을 남기는 일과, 제대로 관리하는 일이 갖는 중요성에 대해 한두 가지 예를 들어 보겠습니다. 1980년 5월의 광주민주화운동이 있은 지 8년 지난 1988년, 국회에서 '광주학살진상규명청문회'가 열렸습니다. 이 글을 읽는 여러분들에게 좀 낯선 일인가요? 태어나기도 전의 일일 수도 있겠군요. 그렇기는 해도 우리가 살고 있는 사회는 그 연장선에 있습니다. 잘 기억하셔야 합니다. 안 그러면 반복되니까요.

그때 책임 있는 자리에 있던 대부분의 증언자들이 "기억이 나지 않는다.", "그런 일 없다."고 발뺌하면서 많은 사람들의 죽음을 가져왔던 진압의 책임을 회피했던 기억이 생생합니다. 그러나 증거 기록을 확보할 수 없던 상황에서 청문회는 무척 맥이 빠진 채 끝나고 말았습니다. 책임자를 가려내고 처벌할 수 없었지요.

신군부라고 불리는 일부 정치군인들의 권력욕에서 비롯된 학살은, 분명 발포를 명령한 자는 없는데 총을 쏘았고 총칼에 맞아 죽은 사람도 있는 이상한 상황으로 남았습니다. 지금도 여전히 해결되지 않은 과제입니다.

신군부가 권력을 잡는 과정에서 불법적으로 설치한 '국가보위비상대책상임위원회'라는 기구의 흔적은 아무런 기록도 없고 덜렁 간판 하나만 남아 있을 뿐입니다. 당시 청문회가 민주주의 발전의 증거였다면, 청문회에서 확인되었던 증거 기록의 파괴와 은닉은 앞으로 한국 민주주의가 풀어야 할 과제였습니다.

신군부의 우두머리였던 전두환 전 대통령은 자신이 재임하던 시절의 기록을 남겼을까요? 그렇지 않습니다. 그 기록이 어떻게 되었는지는 그 자신만이 알 뿐이지요. 한 신문은 이렇게 전하고 있습니다.

재임 시절 전두환 대통령은 밤의 술자리에도 펜과 수첩을 든 비서관을 배석시켰다. 그의 기록열은 청와대 내 모든 언행들을 시시콜콜 남기게 했다. 한 야당 지도자가 둘만의 밀담이라고 심중을 털어 놓았던 독대 내용까지 비밀 녹취록으로 만들었을 정도다. 그는 청와대를 떠날 때 자신의 이삿짐에 이 생생한 기록물을 모두 챙겼다. 트럭 서너 대 분량이었다. 정부기록보존소에는 정부의 재가 문서들만 넘겨줬을 뿐이다. 한때 개인 창고를 빌려 이 청와대 자료들을 보관했으나, 정치적 역경의 세월이 흐르면서 상당수 분실되거나 폐기됐다.

—「조선일보」, 2003년 2월 7일자 조선데스크

이런 폐단을 반복하지 않기 위해 시민사회와 학계, 정부의 뜻있는 공직자들이 힘을 모아 '공공기록의 관리에 관한 법률'을 제정한 것이 1999년이었습니다. 우리 사회의 기록 관리는 이제 겨우 10년이 지났을 뿐입니다. 그만큼 아직 자리를 잡지 못했다고 볼 수 있습니다.

그렇지만 중앙정부만이 아니라, 각 지역 관청에도 기록관을 설치하여 시민들이 정부를 감시하고 공직자들이 자신들의 활동에 대해 자각하는 책임성을 높이며 공공의 경험을 기록을 남겨 계속 이용할 수 있는 기반이 마련된 것입니다. 물론 법이 있다고 기록이 제대로 남는 것은 아니지요. 하지만 법은 공공 영역에서 기록을 남겨야 할 중요한 근거가 됩니다.


## 정보를 공개하라

기록과 사회를 고민할 때 저는 현재 가장 중요한 사회적인 문제가 정보공개라 생각합니다. 함께 생각해 봅시다.

'정보공개제도'는 한마디로 정부가 가지고 있는 정보를 시민들이 이용할 수 있는 제도입니다. 시민들 누구나 자신과 직접 이해관계가 없는 정보라도 적절한 절차를 거쳐 알고 이용할 수 있게 하는 제도가 정보공개제도입니다.

정보공개가 중요한 것은, 현대사회에서는 점점 더 많은 정보를 정부가 독점하기 때문입니다. 얼핏 보면 많은 정보가 공개되는 듯하지만, 실제로는 정보의 쏠림이 심각해지고 있다는 말입니다. 이런 현상이 심해지면, 민주주의는 형식적인 것이 되고 맙니다.

정부가 은밀하게 정보를 남용하여 시민을 감시하거나, 시민들의 생활과 관련된 결정을 자기 마음대로 내릴 수 있습니다. 또한 시민들의 세금인 예산을 멋대로 사용하거나 부패한 공무원들이 특정 세력의 이익을 위해 엉터리 사업을 추진할 수도 있습니다.

정보공개제도는 국민의 알 권리로 헌법에 보장되어 있습니다. 한국은 일본보다 앞선 1996년에 '공공기관의 정보공개에 관한 법률'을 제정하여 1998년부터 시행하고 있습니다. 그러나 정보공개제도의 정착을 위해서는 더 노력해야 합니다.

몇 년 전의 기억입니다. 알다시피 1980년 광주민주화운동을 진압한 신군부 세력들은 자기들끼리 훈장을 마음대로 나누어 가졌습니다. 마치 전리품처럼 말입니다. 어떤 시민이 이때 훈장을 받은 사람들의 명단을 공개해 달라고 청구한 적이 있습니다. 그 담당부처는 행정자치부(현 행정안전부)였습니다. 당시 담당 과장이 텔레비전에서 인터뷰를 했습니다. 그는 이렇게 말했지요.

"훈장을 받은 사람의 명단은 개인 정보이므로 공개할 수 없다."

황당하지요? 훈장은 상이고, 상은 드러내서 칭찬하고 상 받을 일을 권장하기 위해 주는 겁니다. 상 받은 사실을 숨기는 일이 동서고

금에 어디 있었다는 말입니까? 저도 한때 행정자치부에 몸담았기에 한편으로는 창피했고, 또 한편으로는 저런 변명이 용납되는 우리 사회의 현실에 화가 났습니다.

그래서 학교에서 강의를 하면서, 학생들에게 정보공개 청구를 숙제로 내었습니다. 정보공개의 의미, 정보공개 청구 방법 등을 강의하고, 직접 해 보도록 했던 것입니다. 걱정했던 것보다 학생들은 매우 잘했습니다.

학생들이 구청, 교육부 등에 정보공개를 청구하자, 담당 공무원이 "무슨 일입니까?", "왜 정보공개를 청구하는 거죠?", 심지어 "의도가 뭐지요?"라고 물었답니다. 우선 경계하는 것이지요. 제대로 일을 하고 있으면 경계할 이유가 없을 텐데요.

그렇긴 해도, 정보공개 청구의 목적을 충분히 설명하는 게 좋습니다. 싸우려는 게 아니니까요. 정당할수록 정확한 설명이 필요합니다. 한번 연습해 볼까요!

① 정보공개시스템(www.open.go.kr)에 접속합니다. 여기를 통해 거의 모든 공공기관의 정보공개를 청구할 수 있습니다.

② 먼저 회원 가입을 하고, 그다음 로그인을 합니다.

③ '정보공개청구' 란을 선택합니다. 청구기관, 제목, 정보내용 등의 항목이 있습니다. 청구기관을 한번에 여러 기관으로 지정할 수도 있습니다. 예를 들어 16개 광역지방자치단체장의 판공비를 알고 싶다면 한꺼번에 청구가 가능합니다. 자신이 살고 있는 지역의 환경오염 상황도 좋은 주제겠지요. 항목을 채워 쓴 뒤 청구하세요.

④ 청구처리조회, 이의 신청 등의 메뉴를 보며 각자가 청구한 정보를 확인합니다. 이상하다면 이의 신청을 하면 되겠죠?

쉽지요? 종이 서류를 보내는 방법도 있습니다. '정보공개시스템' 홈페이지에서 서식을 내려 받아 작성해서 해당 부서에 우편으로 보내면 됩니다.

그런데 현재의 정보공개법에는 처벌 조항이 없습니다. 따라서 시민들이 요청하는 정보를 보여 주지 않으면 낭패입니다. 시민들에게 알려 주는 것이 행정에도 도움이 되고, 광고효과도 있고, 잘한 일은 칭찬도 받을 텐데, 익숙하지 않거나 지레 귀찮게 생각해서 시민들이 청구한 정보를 공개하지 않는 경우가 실제로 많습니다. 이럴 때는 '패키지 청구' 를 하면 됩니다.

패키지 청구란, 같은 사안에 대해 여러 기관을 묶어 정보공개를 청구하는 겁니다. 이렇게 하면 여러 기관을 비교, 대조할 수 있고,

또 어떤 곳만 공개하지 않는 경우도 줄일 수 있습니다. 다른 기관들은 공개하는데 유독 어느 한 기관만 비공개할 수는 없기 때문이죠. 기관장의 판공비가 대표적인 사례입니다. 또한 기관에 따라서는 자신들이 잘했다고 판단하는 정책에 대해서는 정보공개에 적극적이기 때문에 이런 차별성을 드러내 줄 필요도 있습니다.

정보공개도 사람이 하는 일이지요. 담당 공무원과 청구자 사이에 긴장감이 돕니다. 당연히 자신이나 몸 담은 기관에 해로울 듯한 정보는 비공개하려고 할 것이고, 이로울 것이라고 생각하는 정보는 적극 공개하려고 하겠지요. 기관에 예산낭비 현황에 대해 정보공개를 해 달라고 하면 누가 공개하려고 하겠습니까?

하지만 이런 경우에도 방법이 있습니다. 기획재정부 예산낭비센터에 문의하면 좋은 정보를 쉽게 얻을 수 있지요. 예산낭비센터는 정부기관의 예산 낭비를 줄이는 게 목적이므로 정보공개에 적극 협조해 줄 것입니다.

그런데 공공기록에는 비공개를 원칙으로 하는 기록이 있습니다. 적극 공개를 요구하면서도 비공개할 기록은 청구하는 쪽에서 지켜 주는 것도 예의일 것입니다. 예를 들어, 경찰청에서 내부 징계를 받은 공무원에 대해 알고 싶다면, 미리 그 공무원의 개인 정보는 제외하고 공개해 달라고 신청하는 것이지요. 이러면 정보공개법의 취지에도 맞고, 해당 기관에서 개인 정보를 이유로 비공개하는 사태로

미리 예방할 수 있을 것입니다.

그 외에도 판례나 행정안전부의 지침을 첨부하는 것도 좋은 방법입니다. 공부도 되고요. 또한 정부공개 청구의 분량은 필요한 범위에서 정확하게 하는 것도 중요합니다. 공무원을 골탕 먹이려고 정보공개를 청구하는 것이 아니죠? 그러니 담당 공무원이 불필요한 시간을 쓰지 않게 하는 것도 예의이자 예산을 낭비하지 않는 일입니다. 사회가 성숙할수록 감시보다는 이해와 격려, 공감을 위해 정보공개를 청구하게 될 것입니다.

정부만이 아니라 학교, 교회나 사찰 같은 종교단체의 기록도 구성원들에게 공개하면 운영에 도움이 되는 경우가 많습니다. 물론 당분

● **기록학과 연구 기관**

개인이든 기관이든 활동을 하다 보면 문서가 나옵니다. 그 문서를 관리하고, 활용하는 이론이나 방법론을 '기록학'이라고 합니다. 앞서 조선의 실록이나 근대 기록학에 대한 서술을 차분히 보았다면 쉽게 이해할 수 있을 것입니다. 대표적으로 국제기록평의회(ICA) 홈페이지나 몇몇 단체, 학회를 찾아가면, 더 많은 자료를 접할 수 있고, 여러분의 삶의 지평도 넓힐 수 있을 것입니다.

('역사 개념 작은 사전(131쪽)'에서 이어집니다.)

간 비밀로 해야 할 것은 적절한 합의 절차를 거쳐 보호하면 됩니다.

정보공개든 비밀보호든 기록이 있어야 가능합니다. 하지만 그렇다고 모든 기록을 보존할 수 있을까요?

## 나에게 중요한 기록이 있다

크게 보면 기록은 늘 두 가지 성격을 가지고 있습니다. 우리는 친구에게 안부를 묻기 위해 문자메시지든 이메일이든 보냅니다. 오늘 한 일을 잊지 않기 위해서, 또는 내일이나 모레 할 일을 잊지 않기 위해서 적습니다. 교사는 학생들의 학습 성취도를 확인하기 위해서 채점을 하고, 성적표에 기록합니다. 학생들은 수업을 들으며 공책에 중요한 것을 적지요. 국회의사당에서 속기사들은 의원들의 발언을 기록합니다. 국가의 기록은 넓은 의미의 국가 경영에 대한 행정 기록인 것이지요. 이렇듯 대부분의 기록은 만들어질 당시의 어떤 실용적인 목적 때문에 탄생합니다.

동시에 기록은 그 기록이 생산될 때 갖는 실용성에 더하여, 그것이 다른 이들에게 경험이나 문화유산으로 전해지면서 갖게 되는 성격을 가지고 있습니다. 그리고 어느 틈에 그 기록의 생산과 보존에 각별한 상징성이 생기는 경우도 있습니다.

예를 들어 3.1독립선언문은 당시에는 '독립을 위한 선언'이라는 목적을 갖고 작성됩니다. 얼마간의 시간이 지나고는 기념이나 상징으로 남게 되었지요.

모든 기록을 남길 수는 없습니다. 이는 공공기관이든 개인이든 마찬가지입니다. 그런데 디지털 환경에서 종이기록이 더 많이 생산된다는 통계가 있습니다. 실제로 1994년 무렵, 어느 관공서의 사무자동화와 종이 사용량의 상관관계를 조사한 통계를 본 적이 있습니다. 컴퓨터 사용, 전자결재 등의 사무자동화 이후에 종이 사용량이 4배 증가했답니다. 이런 점에서 보면, 디지털 기술이 발달해서 사무 공간이 문제되지 않는다 또는 없어도 된다는 생각도 근거 없는 선입견에 불과합니다.

저도 같은 경험을 하고 있습니다. 발표문을 작성해서 파일로 저장해도 출력은 꼭 합니다. 세미나 때 그 출력물을 나누어 주니까요. 그리고 그 출력물에 메모합니다. 그러니 컴퓨터에 파일이 있다고 해서 종이기록이 만들어지지 않는 것이 아닙니다. 자연 저의 책상 주변에는 파일만큼이나 종이기록도 쌓여 갑니다. 여러분은 어떤가요?

그래서 정부든 학교든, 그리고 개인이든, 중요한 기록과 그렇지 않은 기록을 구분해서 버릴 것은 버리고 보관할 것은 보관하는 수밖에 없습니다. 그런데 그 기준이 되는 '중요성'이란 것이 그리 녹록치 않습니다. 뭐가 중요한 거냐고 물으면 말문이 막힙니다. 아래에 몇 가지 검증된 기준을 제시하니까, 활용해 보시기 바랍니다.

· 탐구 주제가 될 수 있는 기록
· 예술적 특성이 있는 기록
· 유일하거나 호기심을 불러일으키는 기록
· 오래된 기록
· 전시회에 이용될 만한 가치가 있는 기록
· 의심이 가는 기록
· 역사적인 인물, 장소, 물건, 주제 및 사건과 직접 관련된 기록
· 기관, 단체, 모임의 설립 및 법적 근거에 대한 기록

대체로 이런 기준으로 내가 가지고 있는 기록들을 계속 가지고 있을 것인지, 버릴 것인지를 판단해 보세요. 계속 쌓아 둔다면, 아마 여러분의 집안은 곧 쓰레기통이 될 것입니다. 그렇다고 막 버리면 안 됩니다. 잘 골라서 버려야 합니다. 그렇지 않으면 여러분은 소중한 기억과 자료를 잃게 될 것이니 말입니다.

## ● 흥미진진한 정보 공개 이야기

대학 등록금 내역도 정보공개의 대상이다. 대학생들이 2008년 9월 연세대에서
등록금과 적립금을 어떻게 주식과 펀드에 투자했는지 공개하라고 촉구하고 있다.

자, 정보공개라 하니 긴장하는 분들이 있을 듯해요. 그럴 이유가 없답니다. 먹는 얘기부터
할까요? 우리나라 어른들이 술안주로 가장 많이 먹는 게 무엇일까요? 네, 삼겹살입니다. 야식
으로는 족발과 치킨을 가장 많이 먹는다고 하네요. 그래서 서울시에 정보공개를 청구하여 확
인해 보았답니다. 서울시에 있는 치킨 가게는 얼마나 될까요? 강남과 강북으로 나누어 보았을
때, 강남에 1,963개, 강북에 1,340개로 강남이 강북보다 623개 더 많았습니다.

서울 25개 구 중 현재까지 공개된 20개 구(강동, 중랑, 도봉, 종로, 성북을 제외)를 대상으로
조사해 보았습니다. 구로구가 256개로 가장 많았고, 강서구 245개, 은평구 241개로 각각 뒤를
이었습니다. 반면 용산은 36개로 가장 작았습니다. 용산 사는 분은 조금 불편하겠지요? 치킨
가게를 창업하시려는 분들은 동네에 치킨 가게가 얼마나 있는지 철저히 알아보시고 준비를
하시는 게 좋겠네요.

참, 서울시에 등록된 치킨 가게만 이렇게 많은데 전국에는 얼마나 많을까요? 한번 정보공개를 신청해서 알아보시기 바랍니다.

요즘에는 어른들이나 학생들이나 대부분 휴대전화를 가지고 있는데요. 한국소비자원 발표에 의하면, 이동통신요금을 다른 나라와 비교해 본 결과, 우리나라가 가입자 1인당 월평균 통화 시간이 180분 이상인 15개국 중에서 요금이 최고로 비싼 것으로 드러났답니다.

'위례시민연대'라는 단체가 서울시가 소속 공무원에게 지원한 휴대전화 및 통신비 지원 현황에 대한 정보공개청구를 했습니다. 서울시에서는 3급 이상의 공무원의 경우 휴대전화기 및 통화료를 지원받을 수 있고, 4급 이하 공무원은 통화료를 지원받을 수 있답니다.

2009년 서울시는 공무원들에게 지원하는 단말기를 사는 데 약 1,000만원을 지출했습니다. 이 돈으로 50만원 정도 하는 휴대전화 20대를 살 수 있겠죠. 2006년에는 3,400만원, 2007년에는 1,100만원, 지난해에는 1,500만원 정도를 지출했다고 합니다. 해마다 20~30대의 휴대전화를 사고 있는 셈이네요. 연간 통화료로는 1억 원 이상을 지출합니다. 2010년에는 1월부터 8월까지 1억 2,000만원 정도가 지원되었습니다.

즉 서울시장이 쓰고 있는 휴대전화와 통화료를 모두 시민들이 낸 세금으로 낸다는 말입니다. 자기 휴대전화비 내는 것도 벅찬데, 시장님 휴대전화비까지 내야 하는 줄은 몰랐지요?

10년 뒤, 20년 뒤의 나에게
편지를 써 보세요

긴 시간 동안 여러분은 기록에 대한 제 이야기를 들었습니다. 읽어 주셔서 고맙습니다. 그 보답으로, 제가 그동안 감추어 두었던 보물 두 가지를 보여 드리면서 마무리 지을까 합니다.

저의 할머니는 아버지를 낳고 3년 만에 돌아가셨답니다. 많이 편찮으셨다고 합니다. 그래서 저의 아버지는 어머니(저의 할머니) 없이 자란 걸 늘 한처럼 가슴에 품고 계셨지요. 그러던 중, 아버지는 우연히 할머니가 쓴 편지를 얻게 됩니다.

그 편지는 1936년, 그러니까 일제강점기에 조선시대 여인들이 썼던 '궁체'라는 필법으로 쓴 짧지 않은 편지입니다. 편지 내용은 친정 아버님이 병환이 나셔서 걱정하는 글입니다. 그런데 선조의 한글교서처럼 읽기가 참 어렵습니다. 언어의 변화라는 것, 그리 소홀히 생각할 문제가 아니지요.

아무튼 어찌하여 그 편지가 남게 되었고, 저의 아버지 손에 들어오게 된 것이지요. 할머니가 편지를 썼던 1936년은 공교롭게도 저의 아버지께서 태어나신 해이기도 했습니다. 그 편지를 22년이 지난 1958년에 당시 대학생이었던 아버지께서 보신 겁니다.

어머니의 편지를 받아든 아버지는 이내 울음을 터뜨렸습니다. 그

1936년에 할머니가 쓰신 편지 중 일부(왼쪽)와 1958년 아버지가 쓰신 발문 중 일부(오른쪽)입니다.

리고 기억 속에조차 없는 어머니를 편지로나마 마주한 기쁨과 안타까움을 담아 편지에 이어 긴 글을 남겼습니다.

"母親(모친) 親筆(친필) 筆跡(필적)을 손에서 품으로 옮기며 나의 흉금에 숨여드는 회포를 敍(서)하려 하나 막막하고 가슴벅찬 感慨(감개)가 있는가 하면 哀絶(애절)한 심사 둘 데 없구나 모친(母親)이 별세(別世)하신지 于今(우금. 지금까지) 拾九年(십구년) 내 나이 스물둘을 헤이게 되었으니 내가 세 살 먹어서 世上(세상)을 고히 下直(하직)하고 衆生(중생)이 다만 상상으로서 안다고 하는 저 世上(세상)으로 길을 떠나신 지가 훌훌한 歲月(세월)이 無情(무정)하야 拾九年(십구년)이 되는 오늘날 …… 아! 슬프고 슬프다 어머니의

116

피를 받은 오직 하나의 血肉(혈육) 어머니의 書簡文(서간문)을 손
에 들고 哀絶腹痛(애절복통)한 心情(심정)을 둘 곳 없어 一筆(일
필)로서 母親(모친)의 書信(서신)께 품잃은 小子(소자)는 部分(부
분)의 情話(정화)를 부치어 보는도다.

단기 4291년 무술년 1월 22일


'단기 4291년'은 1958년이니까, 지금부터 50여 년 전의 글인데
느낌이 많이 다르지요? 이런 종류의 글을 '발문(跋文)'이라고 합니
다. 그런데 사실 저는 할머니 편지가 남아 있던 것이 잘된 일인지 모
르겠습니다. 여러분 생각은 어떤가요? 애써 잊었던 어머니에 대한
그리움이 다시 살아나 마음을 아프게 했다고 생각하나요? 아니면
그 편지나마 남아서 어머니의 흔적을 더듬을 수 있게 되어 다행이라
고 생각하나요?

제 보물 하나를 더 보여 줄게요. 아주 오래된 주민등록증입니다.
저의 외할머니 주민등록증입니다. 어려서 저는 외할머니 손에 컸습
니다. 말썽만 부리는 외손자를 항상 걱정 반, 웃음 반으로 품어 주셨
지요.

외할머니께서 돌아가셨다는 소식을 듣고 시골 외갓집에 내려갔는
데, 돌아가신 분의 소지품을 모아 태우려고 했습니다. 원래 몸에 뭘
지니고 사신 분이 아니라 제가 따로 챙길 것이 없었습니다. 그래서

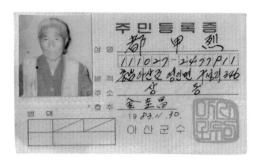

외할머니의 주민등록증입니다.

막 불 속으로 들어가려던 주민등록증이라도 챙겨놓아야겠다고 생각해서 따로 빼놓았고, 지금까지 제가 보관하고 있습니다.

외할머니께서는 평생 농사를 짓고 사신 분입니다. 손은 늘 나무껍질처럼 거칠었습니다. 혹시 영화 「집으로」를 본 사람 있나요? 그 영화에 나오는 못된 손자가 꼭 저를 닮았습니다. 지금은 훌쩍 큰 유승호가 손자 역을 맡았지요.

외할머니는 늘 노는 데 정신이 팔려서 밥 먹을 때를 잊는 손자를 찾아 밥을 먹이셨고, 여름이나 겨울이나 물가에서 노는 걸 좋아했던 손자가 불안해서 찾아다니곤 하셨어요. 그렇게 말 안 듣는 손자인데도, 방학이 끝나고 다시 서울에 있는 집으로 올라갈 때는 당신이 모아 두셨던 십 원짜리 동전 한 닢까지 챙겨서 저의 주머니에 넣어 주셨습니다.

위에서 얘기한 두 분 할머니의 편지와 주민등록증은 저에게 몇 가지 생각을 안겨 주었습니다. 앞서 살펴보았던 노자나 타무스 왕의 말처럼 문자로 된 기록 자체가 우리에게 뭔가를 주지는 않습니다. 우리에게 의미가 있는 것은 당연히 기록에 담긴 삶일 것입니다.

자, 이제 정말 마무리를 해야겠습니다. 제가 별 감흥이 없을 수도 있고 약간 무거운 느낌을 주었을지도 모르는 오래된 편지와 주민등록증—사실은 정부가 국민을 일괄적으로 파악하기 위한 수단이자 국민의 동의를 받지도 않고 사진을 찍은 증표이자, 지금도 세계 대부분의 나라에서 사용하고 있지 않는 그 주민등록증을 보면서 두 분 할머니들의 흔적을 떠올린 이유를 얘기해야겠습니다.

사람의 삶은 시간이 가면서 변합니다. 그것을 역사는 기록으로 남기고, 정리하고, 알려 줍니다. 역사의 변화는 농업사회에서 산업사회로의 변화와 같은 큰 구조의 변화일 수도 있고, 왕정에서 민주정으로의 변화와 같은 체제의 변화일 수도 있습니다.

그러나 그 변화는 늘 구체적인 우리들의 삶, 발걸음 하나하나에서 나타나고 또 발견됩니다. 하찮게 보이는 편지 한 장, 주민등록증 하나가 그 삶을 전해 줍니다. 아니, 어쩌면 그 어떤 역사의 변화도 한 인간의 삶에서 증거를 남기지 않고 서술될 수도 없다면, 그 변화나 격동은 한갓 허구에 지나지 않을지도 모릅니다.

두 할머니의 편지와 주민등록증을 보면서 저도 얼마간의 시간이 흐른 뒤에 제가 남긴 기록이나 저에 대한 기록을 남기고 싶다고 생각했습니다.

그래서 먼저 10년 뒤, 20년 뒤의 저 자신에게 편지를 써 보았습니다. 각각 2020년과 2030년에 뜯어 볼 편지인데요, 이것마저 여러분께 공개하기는 쑥스럽습니다. 하지만 가끔씩 저는 또 30년, 40년 뒤의 저에게 편지를 쓸 생각입니다. 죽을 때 읽을 편지도 말입니다. 저 자신에게만이 아니라, 아내나 가족들, 친구, 동료, 혹은 이름도 얼굴도 모르는 이들에게 부치는 편지도 써 보고 싶습니다.

그리고 저의 두 분 할머니가 저에게 그랬던 것처럼, 저의 편지를 받은 사람들이 저를 기쁜 마음으로 기억해 주었으면 합니다. 설사 슬프거나 언짢은 일도 우리 인생을 풍요롭게 하는 밑거름이었다고 기억해 주었으면 합니다. 그러고 보니 역사는 지나간 시간을 돌아보는 것만이 아니라, 미래를 만들어 가는 것이기도 하다는 생각이 듭니다.

바로 여러분의 삶이 흐르는 길, 하루하루가 만들어지는 리듬이 곧 역사이며, 그것은 기록으로 이어집니다. 그리고 그 기록은 잘못된 일을 성찰하게 하여 삶을 깊이 있게 해 주고, 잘한 일은 흐뭇하게 떠올리게 하여 삶에 새로운 희망을 갖게 합니다.

성찰이든 희망이든, 우리를 저 깊은 속에서부터 뿌듯하게 해 주는 무엇이 아니던가요?

역사 개념 작은 사전

● **일기**

기억하기 위해 남기는 기록 하면 여러분은 먼저 어떤 것이 떠오르나요? 네, 그렇습니다. 아무래도 일기가 먼저 떠오릅니다. 그런데 게으른 저는 날마다 쓰는 일기가 아니라, 한 주나 한 달에 한 번 가까스로 쓰는 주기나 월기, 심지어 계절이 바뀔 때나 쓰는 절기를 만들기도 합니다. 이런 저와는 달리 이순신 장군은 무려 7년 동안 거의 매일 일기(위는 『난중일기』 제1권 중 『임진장초』 표지와 본문 사진)를 써서 남겼습니다.

　왜란이 일어나던 임진년(1592) 1월 1일부터 무술년(1598) 11월 17일까지, 그러니까 노량해전에서 전사하기 전까지, 출전 때문에 쓰지 못한 날을 제외하고 거의 매일 썼습니다. 유명한 『난중일기』입니다. 전쟁 중이던 1594년 1월 11일에 잠깐 편찮으신 어머니를 찾아갔었는데, 그때 일을 잠깐 볼까요? 안타까움이 느껴집니다.

　"아침에 어머니를 뵈려고 배를 타고 갔는데, 아직 주무시고 계셨다. 큰 소리로 부르니 놀라 깨어 일어나셨다. 왜적을 토벌하는 일이 급하여 오래 머물 수가 없었다."

　또 조선 명종 때에 살았던 이문건은 『양아록』이라는 기록을 남겼는데, 다름 아닌 손자를 키운 이야기입니다. 공부 안 하고 놀러 다니는 손자를 잡아오면서, "뒤통수를 손으로 다섯 번 때렸다. 들어 와서는 창 쪽에 서 있게 하고 손바닥으로 엉덩이를 네 번 때렸더니 엎드려 울었다. 우는 걸 보니 다시 가여운 마음이 들었다."고 적었습니다. 어떤가요, 참 생생하지 않나요?

　이 외에도 긴 시간 꼼꼼히 쓴 일기들이 많이 남아 있습니다. 몇 개만 소개합니다. 선조 때의 문신 유희춘(1513~1577)이 1567년부터 10년 동안 쓴 『미암일기』, 영조 때부터 순조 때까지 68년을 기록한 노상추(1746~1829)의 『노상추 일기』, 고종 때 도자기를 궁궐에 납품하던 지규식이 1891년부터 20년에 걸쳐 쓴 『하재일기』 등입니다. 개인사뿐 아니라 당대의 정치·사회·가족·경제상을 생생하게 담고 있습니다.

## ● 구술 기록, 문자 기록

잉카 사람들은 결승문자(위의 사진)를 사용하는 한편, 입으로 전했을 때 내용이 바뀌는 문제를 보완하고자 수단을 마련했습니다. '공인 역사가'를 두고, 이들에게 엄청난 양의 정보를 기억하게 하여 그 사회에 필요한 정보를 그때그때 말하게 했다는 겁니다.

한편 역사가의 지위는 아버지에게서 아들로 대물림되기가 쉬웠습니다. 아무래도 늘 가까이 있으면서 얘기해 주기에는 가족이 편했을 테니까요. 실은 얘기뿐 아니라, 문자로 기록을 남기기 시작한 이후에도 오래도록 가족 사이에 역사가의 직업이 이어졌습니다.

혹시 수업 시간에 말 이어가기 게임을 해 본 적이 있나요? 두 편으로 나누어 쭉 늘어서서 어떤 문장을 보여 준 다음 귓속말로 다음 사람에게 그 문장을 전달하게 합니다. 정확하게, 빨리 그 문장을 옮긴 편이 이기는 게임입니다.

해 보니까 어땠나요? 아마 대부분 처음 문장과 많이 달라졌을 겁니다. 그것도 어처구니없이 달랐겠죠. 그래서 하는 이나 보는 이나 포복절도했을 겁니다. 이 예기치 못한 차이가 웃음을 만들어 내고, 우리는 그 게임을 즐기게 됩니다.

이야기는 예나 지금이나 낭만과 즐거움을 주는 놀이자, 옛사람들의 삶의 모습과 상상력을 짐작할 수 있게 해 주는 자료이기도 합니다. 이렇게 입으로 전해지던 이야기를 모아 둔 곳이 있습니다. 한국학중앙연구원 장서각 디지털 아카이브(http://yoksa.aks.ac.kr/)입니다. 지역과 주제별로 이야기를 분류하여 디지털 문서로 만들어 두었지요. 구전되던 이야기를 디지털 매체에 수록했으니, 이제 문자 기록이 된 셈이군요.

● 문자와 디지털, 텍스트와 이미지

앞서 매체로부터 정보 자체가 분리될 수 있는 디지털 기록의 특성을 살펴보았습니다. 이런 특성 때문에 '가상현실'이 가능해집니다. 그래서 구술 기록에서 문자 기록으로의 변화가 신화의 시대에서 역사의 시대로 변화를 의미했던 것처럼, 문자 기록에서 디지털 기록으로의 변화가 역사의 시대에서 새로운 상상력의 세계로 가는 변화를 의미한다고 보는 빌렘 플루서 같은 학자도 있습니다.

생각해 볼 만한 관찰이라고 생각합니다. 다만, 디지털 기록에 문자(텍스트)와 이미지(그림이나 사진)가 있듯이, 디지털 기록도 문자 기록의 성격을 이어 가고 있습니다. 그리고 문자 기록의 시대에도 물론 이미지가 있었지요. 대표적으로는 의궤가 있습니다. 조선시대 왕실과 국가의 행사가 끝난 후, 준비와 진행 과정을 기록한 것인데요. 특히 행사의 과정을 그린 그림은 정교하고 생생하기가 이를 데 없습니다. 본문에 실은 것은 정조의 장례를 담은 의궤 중 정조의 상여 부분입니다.

디지털이라는 매체와 기술이 역사를 보는 눈에 얼마나 근본적인 변화를 가져올지는 잘 모르겠습니다. 그래서 저는 이런 문제제기에 대해 판단을 유보하고 있습니다. 여러분도 함께 생각해 보시지요.

## ● 대칭성 역사학

'대칭성(對稱性, Symmetry)'이란 천칭 양쪽에 올려놓은 물건이 서로 무게가 같다는 데서 나온 말입니다. 인간과 다른 동물, 동물과 식물, 나아가 우주 내의 존재들이 대등한 존재 가치를 지닌다는 의미로 저는 사용했습니다. 최근 나카자와 신이치라는 인류학자가 '대칭성의 인류학'이란 말을 썼습니다.

신화의 시대에는 인간과 이 세계의 만물들이 대칭성 위에서 사유되었다고 해석했지요. 그런데 그것이 깨지는 때가 국가의 발생 무렵이라는 것이지요. 그래서 인간의 자연에 대한 지배, 인간의 인간에 대한 지배와 폭력이 발생했다는 것입니다.

모든 차별이 사라지는 세계가 실현되어야 한다고 주장하려는 것은 아닙니다. 또 그런 세계는 이제는 더 이상 존재하지 않고 앞으로도 영원히 존재하지 않을지 모릅니다. 하지만 그런 세계와 관계를 꿈꾸고 궁리해 보자, 정확한 상을 떠올려 보자는 것입니다. 이에 비추어 우리의 현재 상태를 올바로 판단할 수 있는 거울을 얻을 수 있지 않겠습니까? 이 점이 중요하다고 봅니다.

대칭성 개념이 역사학과 만날 수 있는 것도 바로 여기입니다. 신화의 대칭성이 깨진 단계에서 사람들은 그래도 역사라는 지혜의 영역을 만들었습니다. 역사란 과거와 현재, 미래의 인간이 대등하게 만나며 서로 거울로 삼는 영역을 말합니다. 그래서 저는 '대칭성의 역사학'이란 표현을 썼습니다. 그리고 대칭성의 역사학을 통해서 흔히 휴머니즘이라고 부르는 인간 중심주의, 진보라고 부르는 서구 중심주의의 허구성과 폭력성을 비판하는 단서를 찾으려 합니다.

저는 이 비판의 끝이 한결 평화로울 것이라고 확신합니다. 여러분은 어떻게 생각하세요?

## ● 건륭제와 정조

건륭제(1711~1799)는 청나라 제6대 황제였습니다. 중국 역사상 가장 오래, 무려 61년이나 재위에 있었고 이때 청나라의 영토가 가장 넓었습니다. 예술과 문학을 좋아하여 기윤을 중심으로 한 학자들에게 『사고전서』의 편찬을 명했고 본인도 직접 참여했답니다.

비슷한 시기인 18세기 후반, 조선에도 학문과 책에 조예가 깊었던 왕이 있었지요. 바로 정조입니다. 정조는 『사고전서』가 간행되었다는 소식을 듣고 이 전집을 구하기 위해 무척 노력했습니다. 그렇지만 당초 일곱 부만 간행된 데다, 서적은 곧 그 나라에 대한 정보였기 때문에 유출을 꺼렸던 청나라의 거부로 결국 구하지 못했습니다.

그러나 지금은 그중 문연각에 보존되었던 판본을 복사한 전집을 각 도서관에서 구할 수 있습니다. 그것만도 교실을 빽빽이 채울 만한 분량입니다. 최근에는 그 방대한 내용을 디지털 자료화하여, CD로 구할 수도 있습니다. 텍스트 파일인데도 7기가바이트나 됩니다. 물론 조선왕조실록처럼 검색도 가능합니다.

흥미로운 생각 하나 해 볼까요? 청나라와 같은 시대에 살았던 정조보다 우리가 청나라에 대해 더 잘 알 수 있습니다. 마찬가지로 실록 덕분에 조선시대 사람들보다 제가 더 조선시대를 잘 알 수도 있다고 생각합니다. 물론 그렇지 못한 부분도 있겠지만, 기록의 힘은 이렇듯 시간적 선후와는 무관하게 그 활용 방법에 따라 경험과 인식의 지평을 넓혀 주는 기능을 한다는 것도 사실입니다.

● 조선왕조실록 수정본

조선시대 후기에는 여러 차례 정권이 바뀌면서, 즉 견해가 다른 정파, 붕당이 실세가 되면서, 실록 편찬에도 변화가 일어났습니다. 모두 네 차례였는데요, 본문에서 말한 『선조실록』과 『선조수정실록』(두 표지에서 '수정'이란 글자를 찾아보세요.), 『현종실록』과 『현종개수실록』, 『숙종실록』과 『숙종실록보궐정오』, 『경종실록』과 『경종수정실록』이 그것입니다.

그런데 『선조실록』과 『선조수정실록』의 경우처럼, 앞의 정권에서 만든 실록을 없애지 않고 수정한 실록과 함께 보관합니다.

둘 다 남긴 데는 매우 실용적인 이유가 있었습니다. 실록은 일단 편찬이 끝나면 편찬에 사용되었던 초고를 비롯하여 비밀로 해야 할 것은 물에 빨고, 그 펄프는 재생종이로 썼습니다. 그러니 먼저 만든 실록에 담긴 정보가 훨씬 많았고, 따라서 실록을 수정하더라도 원래 실록에 담긴 정보는 여전히 중요하게 마련이었기 때문입니다.

이런 실용적인 이유와 함께, 두 실록을 모두 후세에 남겨 두어야 한다는 의지와 품격이 있었습니다. 어떤 쪽이 공정한 기록인지에 대한 평가는 후세 사람들이 할 몫이라는 겁니다. 요즘 같았으면 앞의 것은 없애 버렸을 텐데 말입니다. 사악한 마음을 먹는다면 실용적인 이유쯤 얼마든지 무시하는 게 인간이라는 점을 떠올린다면, 둘 다 남겼던 것만으로도 훌륭한 태도가 아닐까 생각합니다.

## ● 다른 나라로 가 버린 기록

위의 사진은 1951년 4월 부산 포로수용소에서 찍은 사진입니다. 한국전쟁 중에 미국이 자료들을 가져간 까닭에 이 시기를 연구하려면 '미국 국립기록청(NARA)'에 가야 한다는 말을 했습니다. 그런데 그 기록 중 일부는 인터넷으로 검색할 수 있습니다. NARA의 검색 시스템인 'ARC(Archival Research Catalog)'가 그것입니다.

이 시스템을 검색하면 많은 자료를 얻을 수 있답니다. 한국 현대사 역사 공부와 교육에 활용할 수 있지요. 예를 들어, 한국 전쟁과 전쟁 포로를 주제로 수업을 한다고 칩시다. ARC에 '한국 전쟁(korean war)'나 '포로(prisoner)'를 검색어로 삼고, 아카이브의 타입을 '사진 아카이브(Photo Archive)'로 설정하면, 웹에서 제공되는 모든 사진이 검색됩니다.

이중에서 어느 하나, 예를 들어, 부산 포로수용소에서 1951년 4월에 찍은 사진을 발견할 수 있다고 합시다. 이 사진을 활용하기에 편리하도록 확대할 수도 있습니다. 사진의 위아래에 나오는 자세한 설명을 '기술(description)'이라고 하는데, 이 사진을 어떻게 찍었는지, 관련 기록은 무엇이 있는지, 공개하는 것인지 등등에 관한 내용을 한눈에 파악할 수 있습니다. 이뿐만이 아닙니다. 이 사진이 '미국 정보국(U.S. Information Agency. 1900~1988)'의 자료를 모아 놓은 '306기록군(Record Group)'에 들어 있다는 것도 알 수 있습니다.

이렇게 몇몇 검색어를 통해 들어가면, 관련 자료들이 굴비 엮이듯이 걸려 나올 것입니다. 자, 여러분도 한번 검색해 보세요.

### ● 기록학과 연구 기관

개인이든 기관이든 활동을 하다 보면 문서가 나옵니다. 그 문서를 관리하고, 활용하는 이론이나 방법론을 '기록학'이라고 합니다. 앞서 조선의 실록이나 근대 기록학에 대한 서술을 차분히 보았다면 쉽게 이해할 수 있을 것입니다. 대표적으로 국제기록평의회(ICA) 홈페이지나 몇몇 단체나 학회를 찾아가면, 더 많은 자료를 접할 수 있고, 여러분의 삶의 지평도 넓힐 수 있을 것입니다.

* **국제기록평의회 ICA**(http://www.ica.org/) : 산하에 지역 기구, 연구 기구를 두고 있고, 유네스코 등과 협력하여 세계의 기록문화를 보호하는 데 노력하고 있습니다. 미국의 이라크 공격으로 바그다드 박물관이 폭격당했을 때 성명서를 내어 미국의 야만적 행동을 비판하고 폭격당한 박물관의 복구에 앞장서기도 했지요.

* **한국기록학회**(http://www.ksas1.org/), **한국기록관리학회**(http://www.ras.or.kr/) : 우리나라의 학회입니다.

* **한국국가기록연구원**(http://www.rikar.org) : 우리나라의 민간연구기관입니다.

* **국가기록원**(http://www.archives.go.kr/) : 행정안전부 산하의 정부기관입니다.

* **국가기록유산** (http://memorykorea.go.kr) : 문화재청에서 관리하고 있으며 우리나라뿐 아니라 유네스코 세계기록유산으로 등재된 다른 나라의 국가기록유산도 찾아볼 수 있습니다.

* **조선왕조실록**(http://sillok.history.go.kr/) : 조선왕조실록 원문과 번역문을 왕조와 날짜별로 검색할 수 있는 사이트입니다.

그림을 그린 **김진화** 선생님은
대학교에서 회화를 공부하고 어린이 책에 그림을 그려 왔습니다. 여러 가지 재료로 물건을 만들어서 사진을 찍는 등 다양한
기법으로 재미있는 그림, 뜻을 담은 그림을 만들기 위해 애쓰고 있습니다. 「친구가 필요해」 「어린이 박물관 고구려」 「아빠는 1
등만 했대요」 「지구를 숨 쉬게 하는 바람」 「키워드 한국사 2」 「학교 가는 길을 개척할 거야」 등 여러 동화책과 역사책에 그림
을 그렸습니다.

# 기록한다는 것
## 오항녕 선생님의 역사 이야기

2010년 7월 10일 제1판 1쇄 인쇄
2019년 7월 30일 제1판 13쇄 발행

| | |
|---|---|
| 지은이 | 오항녕 |
| 그린이 | 김진화 |
| 펴낸이 | 김상미, 이재민 |

| | |
|---|---|
| 기획 | 고병권 |
| 편집 | 김세희, 이원담 |
| 디자인기획 | 민진기디자인 |

| | |
|---|---|
| 종이 | 다올페이퍼 |
| 인쇄 | 청아문화사 |
| 제본 | 광신제책 |

| | |
|---|---|
| 펴낸곳 | 너머학교 |
| 주소 | 서울시 서대문구 증가로20길 3-12 |
| 전화 | 02)336-5131, 335-3366, 팩스 02)335-5848 |
| 등록번호 | 제313-2009-234호 |

너머북스와 너머학교는 좋은 서가와 학교를 꿈꾸는 출판사입니다.